青少年
人生规划

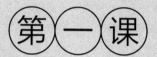

何戎 ◎ 著

华夏出版社
HUAXIA PUBLISHING HOUSE

没有规划的人生，靠运气
有规划的人生，靠自己

"童书妈妈三川玲" 创始人　三川玲

前不久，一位中学同学来请教我，关于她孩子的学习和就业问题。

她的孩子，十几年前我就见过，当时还是一个上幼儿园的小男孩儿——忽然之间，已经在北京一所著名的高校，上大三了。

她说："你帮帮我吧，孩子现在彻底躺平不干了。孩子在学校里基本就是混及格，放假回到家里，就关在自己房间里睡大觉。问他，一年后就要毕业，是要考研，还是考公，或者，去找工作，都没有想，甚至，不想去想。"

我详细地了解了之后，才知道，原来，当初考大学的时候，他成绩挺好，但是，他喜欢的专业，父母都觉得不靠谱。然后，他干脆就赌气随便填了一个。结果，他现在没有一点儿兴趣和动力继续学下去了。

我问同学："你们怎么考虑的？"

她回答说："简单，去考公。他学习能力还不错，只要肯去考，以后至少还有个稳定的工作。所以，你能帮我找到一个靠谱的考公培训机构吗？"

我沉默了很久，说："这不是推荐一个培训机构的问题。你想过没有，就跟选专业一样，你们替他做了这次选择，就算他考上了，几年后，又躺平了，你还能做什么呢？"

这一次，她也沉默了。

我很喜欢苏格拉底的一句名言：未经审视的人生，不值得度过。

换句话说，我们的人生，要想很好地度过，第一步，就是要认真地审视。

审视什么呢？这既包括对自我的认知——我是谁、我的兴趣是什么、我的核心优势是什么；也涵盖对外部世界的理解——世界的运行规律、社会的结构特征以及时代的发展趋势。

第二步，就是认真地进行规划。

怎么规划呢？我看了这本《青少年人生规划第一课》后深深地感到，这的确是学校里不教，但在现实中，每个家庭都无比需要的一门非常重要的课程。

我很想让同学，还有她的孩子，都好好地看看这本书。

然后，我就会用我最擅长的方式，组织他们一起开一个读书会。

"童书妈妈三川玲"在 2017 年创立了第一个读书会，后来，读书会开展到了 19 个城市。每次，我们都会做个人的演讲来分享我们读完书之后的思考和切实的行动。很多参加了我们读书会的家庭，都发生了很多改变。

如果我给同学一家开这本书的读书会，我会引导父母和孩子，一起进行这样的思考：

第一，人生规划要从青少年开始，不能等到大学毕业，因为，选错行业的代价很大。

如果孩子知道自己喜欢的专业方向，那么，是不是可以通过考研的方式，让孩子重新回到主动人生的轨道上去。

我会让孩子给自己画一幅自画像，描述出独特的和别人都不一样的自己；然后，我也会让孩子的妈妈给孩子画一幅画像，看看她眼中的孩子什么样；最后，我作为旁观者，可以通过和孩子的交流，也给孩子画一幅画像，甚至，找一些专业人士，和孩子做更深一步的交流和探索。

我们一起帮助孩子把自己的"公开区、隐秘区、盲目区、未知区"都给列出来。这些画像所重合的部分，才是那个孩子最真实的自己。

其实，我们自己也会变化，我们的人生规划是需要终身进行的，也就是生涯规划领域常提及的 K-Gray，K（Kingdergarten）代表了幼儿园，Gray 代表了头发灰白。

第二，人生规划是整体的。从长期来看，工作和生活，不应该是割裂开来的。

我们具体思考的是大学选专业和工作选行业。的确，这很重要，但是，我们要知道，一个人是完整的，人生也应该是完整的，生活才可以持续下去。

那么，我们可以问一问孩子：你希望的生活是怎样的？你想住在哪个城市？你最好的朋友是怎样的？你喜欢看什么书和电影？你想去哪儿旅行？你喜欢什么样的运动？……

千万不要小看这些问题，如果一个人把自己的生活想明白了，工作和学习的问题，很可能就迎刃而解了。

正如生涯发展理论中那幅著名的彩虹图所诠释的——人生当如光谱般绚丽多彩，在职业探索、家庭角色、自我成长的多维绽放中，构建起层次丰盈的生命图景。

第三，青少年要成为自己人生规划的决策者。

许多父母不自觉地扮演着孩子人生的舵手，总觉得，我们是为他好，不会害他。

但是，我们要知道，最终，孩子要为自己的人生负责。这部分能力不是天生的，是需要逐步培养的。不妨，妈妈给已经上大三的孩子一个开始走上自己人生道路的机会，试着让他去决定是不是换专业、换什么专业，以及想从事什么样的工作。

第四，人工智能时代，什么素养最有用？

其实，我很理解这个大三的孩子为啥躺平，为啥不去思考未来。因为，很多时候，想也没用。当阶层流动的阻滞遇上人工智能的挑战时，真的很难应对。

所以，我们的确要和孩子一起去思考，究竟什么样的素养，才可以应对我们所处的时代。

我们可以采用的工具有书中提到的多元智能、21世纪核心素养，还有各种各样的"智力万花筒"。

总之，未来对素养的要求，绝对不是会考试这样单一了。只要不是单一的，也就意味着更多的机会，不是吗？

第五，普通孩子更需要认真地规划。

其实，每个人都有普通的一面和不普通的一面。那么，不要把精力用在区分什么专业适合普通孩子和普通家庭上，而是应深入地去分析自己的核心价值是什么。

任何一个行业，只要你做到前20，那么，都不会过得太差；反之，无论你在多么热门的一个行业，如果总是垫底，也不会过得很好。

第六，有规划的人生和没有规划的人生，大不同。

我们从 2013 年创业到现在已经 12 年了。这些年，我们在线上线下的各种学习、生活的场景里，遇到过六万多个孩子。有的孩子，从小学跟随我们，现在已经上了大学了。我们发现，无论是什么样的孩子，其中，有一条是非常重要的，就是有规划的孩子和没有规划的孩子，人生的道路，的确是不一样的。

有规划的孩子，就算刚开始看起来比较普通，但是，沿着一个方向，一直在默默前行，中间又不断获得各种能力的累加——往往，最后，就会凸显出某种独特的能力。这个能力，不仅帮助他升入一个很适合他的大学，也和他未来的职业方向紧密相关。

这就是人生规划的魔力——长期主义就会让人生产生复利，道路越走越宽、越走越顺。

好了，我现在要做的，就是把这本书送给我的同学和她的孩子。然后，我们一起来规划人生之旅吧。

三川玲，"童书妈妈三川玲"创始人
教育出版人
幸福流全支持读写中心发起人

有梦想的孩子，自己会奔跑

"少年商学院"创始人　张华

"我就是来自乡下的土猪，也要立志去拱城市里的白菜。"还记得当年衡水中学一位高三学生引发争议的演讲吗？这位张同学之后考入了浙江大学。时隔几年后记者再采访他，他的言论平实了许多，但却更让人瞠目结舌。

"我其实并不喜欢学习，也不喜欢现在自己的（计算机）专业，"他说，"我非常后悔。但当时大家都说计算机专业好找工作，我就选了……我现在非常痛苦。我想当老师，但大家都去卷（互联网）大厂，没办法，我只能也跟着去。"

一小段访谈，是万千中国学生的缩影。第一，认为学习是为了考试，根本没什么乐趣可言；第二，认为名校是人生的目标，甚至是一生的荣耀；第三，不了解自己到底热爱什么，人云亦云地填报志愿与专业；第四，专业错位，但好奇心与探索欲也已匮乏，浑浑噩噩地度过四年大学时光；第五，继续不知道自己热爱什么，人云亦云地去投简历、找工作，周而复始地浑浑噩噩……

当我和何戎兄谈到这位张同学的案例时，我们真的感慨不已，甚至非常心痛。最让人压抑的，其实是衡水中学张同学的故事每天都有上演，而太多的父母、老师甚至不以为然，认为："这位张同学很幸运了。""等我孩子先考上浙大再说吧！"

"我们一定要多救几个孩子。"何戒对我说。他是一个非常认真、勤勉、有使命感的人。我经常开玩笑地对他说，他的前半生可以套用一个句式："明明可以靠……却偏偏要……"是的，他原先是 ACT 亚洲市场总监，而 ACT 是美国高考之一，是刚需。但他就是硬生生地砸掉了自己的饭碗，去走一条更难的路——把全球著名的生涯规划平台 Kuder 引入中国，为青少年家庭做生涯启蒙与规划。

其实，生涯规划在世界范围内并不是一个新词，Kuder 已经有近九十年历史了。而在我如今旅居的新加坡，Kuder 是与新加坡教育部合作的。小学三年级的学生就要接受生涯启蒙，更别说中学生了。简单来说，一个社会共识是：一个学生在 18 岁成年之前，比考上一所大学或找到一份工作更重要的是自我探索——找到自己被隐藏的天赋，探索自己热爱的事物，挖掘自己内在的潜能。

可是在中国，大众对生涯规划的理解是非常浅的，甚至被误导为生涯规划就是志愿填报。对这一点，何戒一直是"耿耿于怀"的。他就是看到了太多的学生上了"好"的大学选了"好"的专业，但是一点都不快乐，甚至像衡水中学张同学一样浑浑噩噩。要知道，绝大多数留学生的家庭条件和父母认知应该还是不错的，但依然是"生涯规划小白"。

所以，我非常钦佩何戒的韧劲与坚守。从与国际化学校合作，到面向中小学生家庭，从线下讲座到线上直播，多年来他始终践行着双重使命：一边踏踏实实地做产品与服务，一边以近乎公益的形式进行科普。他始终希望多些人懂得——生涯规划的功能是唤醒而非定位，唤醒学生的自我觉察与效能，唤醒父母真正去了解自己的孩子。

现在，何戎的新书《青少年人生规划第一课》要出版了。我第一时间读完了全部内容。我想说，这是每一个中国家庭和教育工作者的必读书。

第一，这是一个生涯规划科普读本。如何从兴趣、能力、价值观三个维度，为孩子做生涯引导？如何基于霍兰德代码，为孩子做非正式的评估？如何带着孩子做职业探索？诸多内容，书里都有明快的解释与鲜活案例，言简意赅，通俗易懂。

第二，这是一本"反内卷"桥梁书。内卷的本质就是把人工具化。当太多人把分数当命根，把手段当目标，把同学当对手，把名校当归宿，同时没日没夜地学习、补习时，《青少年人生规划第一课》告诉你，如何做出"聪明的选择"，找到适合自己的成长路径和升学通道，而不是人云亦云地被牵着鼻子走。

第三，这是一部关于幸福教育的启示录。生涯规划的本质是幸福，而不是升学。找到你热爱并擅长的，获得追求幸福生活的能力，远比你踏入顶尖学府的刹那荣光更值得欣慰。书里有非常多的生涯咨询案例，浅读是关于规划方法，细品你会发现每个案例皆是通向幸福人生的指南。

我也希望更多的校长或教育界有影响力的同仁，也能读读这本书。一起传播科学生涯规划的理念与方法。因为中国的父母有的时候也蛮让人心疼的，自己任劳任怨，奋斗一生，总想着给孩子"最好的"，但有时，信息茧房或认知挑战使得他们花了太多钱和心力，但孩子并没有得到更好的支持与发展，而时间又不可逆，一切都变得越来越拧巴。校长们的身份也会推动家长跳出过去的认知误区，重新认识到，我们能给孩子的最好支持，就是做孩子的生涯领路人。

何戎说，他后半生只会做生涯教育这一件事。我笑了笑说，为了这句话，我们得找机会好好喝一杯。因为我也在日记里写过几乎同样的话。我们的缘分始于 2018 年，当时我创办的少年商学院五周年了，我们有不少老学员已然到了初三甚至高三，他们需要生涯规划。而我为了去了解国内生涯规划机构的生态，毅然重拾我年轻时在《南方周末》做记者时的职业病，把它当成了一个"选题"，去做深入探访和研究，甚至"卧底"。

所谓"卧底"，就是打着学习者的名义报名了何戎主导的 Kuder 高级生涯规划师认证班这一项目，实则是看看这家机构与团队是否值得信任。最后的答案就是，Kuder 和何戎团队，是我将调查对象筛选到最后三家然后逐一亲历体验后选出来的最值得信赖的一家。

这也是后来我们合作的原因。少年商学院将 Kuder 的理念、规划与测评带给了更多的普通家庭。越是未来走高考路线的孩子，越需要生涯规划。之后的几年，累计有三百多位少年商学院的学员家长，也通过认证成了高级生涯规划师。这真的让人特别欣慰。

有句话叫"自己淋过雨，所以想为别人撑伞"。何戎一直说他 30 岁前是"撞墙式探索"，上了名校，工科专业，但不喜欢。但还好，他有改变的勇气与决心。后来，他毅然赴美读研，修沟通学专业，再到后来引进 Kuder，使之成为他真正热爱的事业。"可并不是所有人像我一样幸运。"何戎说。他说这句话的时候，我似乎看到了他眼里的泪光。

我们做的事情类似，我们的梦想也类似。他希望更多的中国学生少走弯路，多向内求，而不是仅仅被外在世界的喧嚣带偏了节奏。我希望每个孩子都能成为自己人生的 CEO，从小培养面向未来的核心竞争力。我们的共同梦想则是，希望更多的孩子，眼里有光，心里有火，早一点找到自己的梦想。因为有梦想的孩子，自己会奔跑。

张华，"少年商学院"创始人

新加坡国立大学高级访问学者

著有《世界是我们的课堂》《DeepSeek 高效学习法》

第一章 青少年为什么要做生涯规划?

生涯规划从来就不是找个专家给自己规划人生,也不是找个热门的专业和工作,而是不断发现和了解自己的特质和优势,设定并动态调整自己的目标,通过终身学习构建能力,不断实现自己人生意义的进程。

第二章 青少年生涯启蒙

要开展真正的生涯规划,需按照久经验证的生涯规划流程,通过七个完整的步骤完成了解自己、探索职业、规划教育等过程,才能够真正找到自己感兴趣甚至热爱的方向。

第三章   生涯自画像

通过关于兴趣、能力、价值观的正式测评和非正式测评，以及同时进行的自我反思，每个人的生涯自画像就可以清晰起来了。

第四章   科学探索青少年的职业方向

职业有上千种，我们穷尽一生也无法了解所有职业，但我们可以做到清晰了解自己，以职业地图为指引，找到适合的职业方向，从而让自己的人生少走没必要的弯路。

第五章 青少年职业探索方式和生涯决策

我们已经找到了孩子的核心兴趣特质和可能的职业方向，接下来要做的，就是要切切实实地引导孩子开始职业探索，让那些职业不仅仅是文字，而是和孩子的生命产生交集的事情。

第六章 教育规划（国内篇）

如果找到了自己的理想职业方向，那么课程、专业、大学的选择就一蹴而就了。这就是生涯规划常说的"以终为始"，即以职业为"终"，回到当下的这个始点，做出最优选择，这才是教育规划的"道"，至于专业、大学的具体信息，则是"术"方面的事情了。

第七章　教育规划（国际篇）

本章将从留学目的地和院校、留学的重要考量因素、国际化学校、国际课程和考试、生涯规划和境外升学这五个维度给出一个完整的信息和思考框架，弥补一些信息差和认知差，让大家在留学这件事上少走弯路。

第八章　构建青少年未来的核心就业力

在生涯规划领域，我们不仅关注学生现在的能力和天赋，更看重他（她）们有没有在自己感兴趣的领域持之以恒，有没有通过努力去构建必要的能力。

第一章

青少年为什么要做
生涯规划?

很多人把生涯规划理解成志愿填报、留学规划，还有很多人认为社会变化这么快，生涯规划没有什么用。生涯规划到底在做什么？有什么用呢？生涯规划从来就不是找个专家给自己规划人生，也不是找个热门的专业和工作，而是不断发现和了解自己的特质和优势，设定并动态调整自己的目标，通过终身学习构建能力，不断实现自己人生意义的进程。

- 青少年做什么生涯规划啊，太早了吧！
- 我之前就没做过生涯规划，一路摸爬滚打下来，现在也很好！
- 我身边很多朋友也没有做过生涯规划，现在也都很好啊！
- 社会变化这么快，谁也不知道以后会怎么样，这么早规划有什么用！
- 生涯规划跟咱普通家庭的孩子有啥关系啊，那是有钱人家孩子干的事！
- 咱普通家庭的孩子能考个好大学就烧高香了！
- 孩子学习成绩都不怎么样，哪有时间搞什么生涯规划啊！

想问问各位读者，你们之前在听到生涯规划这个词的时候，大脑里有没有闪现过类似上面这样的念头或问题？在本章的内容里，我将和大家说清楚青少年进行生涯规划的重要性和急迫性。

青少年阶段是生涯规划的关键期

生涯发展理论大师唐纳德·舒伯（Donald Super）是公认的现代生涯发展领域奠基人之一，他的生涯发展理论在全世界具有广泛的影响。舒伯虽然在 20 世纪 90 年代去世，但在很多后来的生涯理论中都可以看到他关于生涯发展理论的影子。

舒伯把个人的生涯发展分成五个阶段，分别是：

0～14 岁：生涯成长期

15～24 岁：生涯探索期

25～44 岁：生涯建立期

45～64 岁：生涯维持期

65 岁以上：生涯衰退期

其中和青少年相关的有两个阶段，跨越了生涯成长期和生涯探索期。我们看看这两个阶段的重心和关键词，就可以知道在生涯发展方面青少年的时间和精力该如何有的放矢地投入了。

11～14 岁期间属于生涯成长期。这个阶段的核心关键词是建立职业认知。学生需了解自己喜欢和不喜欢的事情，不断了解真实的职业世界，能够把自己的能力和具体职业关联起来。

14～17 岁属于生涯探索期，这个阶段的重心是结合自己的兴趣、能力、价值观，在具体的职业领域进行一些有针对性的尝试，例如参加和具体职业相关的课程、实习、志愿者等活动，通过尝试，逐步缩小并聚焦到自己真正感兴趣的职业方向。

简而言之，在小学后期和中学阶段，孩子不要局限于学习学校现有的课程中，还要花时间和精力去探索自己对什么样的事情感兴趣，对什么事情不感兴趣，并去反思原因是什么。要通过各种方式，对真实的职业世界有所了解。

根据舒伯的理论，如果青少年在此期间没有建立职业认知，也没有任何形式的职业探索，之后课程、专业、大学、职业的选择都有很大概率会出现问题。在社会上，我们可以看到有的学生有明确目标感，他们选择了自己感兴趣的专业、大学、职业，但大多数人则漫无目的地做出了不适合也不喜欢的选择，后面只能用自己的人生去纠错。

生涯规划赋予青少年动力和方向

让我们把时间拉回到20世纪80年代，那时候我在东北的一个小县城上幼儿园，开始学写字。因为是左撇子，我经常把字写反（例如把7的开口方向写反，写成类似"r"的样子），常被幼儿园老师训斥，造成我对学习毫无兴趣，甚至感到写字是件令人恐惧的事情。

在一个阳光明媚的下午，奶奶和我的一段对话改变了我的人生足迹。她当时是我所在县城的著名医生，深受人们的喜爱。在模糊的记忆中，她和我说："咱们老何家还没有出过一个大学生呢。你爸爸和两个叔叔都没上过大学，老小（我的小名），你想过以后离开这个小县城，去大城市上大学吗？"我现在已想不起当时的心情，只是感觉，"上大学"这三个字不知道怎么就成了我的思想钢印。之后，我便经常和父母说："我要成为老何家第一个上大学的人。"于是在幼儿园期间，我就经常拉着已经上小学的哥哥姐姐教我认字，还会拿着仅有的几分零花钱去书店买小人书读。神奇的是，"上大学"这个念头一直刻在脑海里，以至于从小学、初中、高中，我都会非常自主地努力学习，从来不需要别人督促。在强大的内驱力推动下，十几年后，我考上了大连理工大学，就读材料科学与工程专业。

　　听起来这像是一个励志故事，不是吗？但事实是，我的目标和动力在上大学之后就消失了，尤其是在发现自己不喜欢这个专业的时候。到现在我仍十分清晰地记得大三时去"长春第一汽车制造厂"实习的场景。工程师们戴着安全帽在工厂里有条不紊地工作，时不时看一看手中的图纸。作为实习生，我看着那看不懂的图纸，一头雾水。当时我就脑补了一下几年之后的工作场景。在那个场景中，我毕业后成了工程师，工人们经常指着我的鼻子说："就你这水平，还大学毕业生呢！"可以说，实习的那半个月是我人生的至暗时刻，感觉前途黯淡无光。那时人生的关键词是没有方向感、茫然、无助、无力。

　　我的动力和目标到上大学后就消耗殆尽了，而后是多年的"撞墙式"职业探索，直到遇上教育这个领域才重新找到目标和努力的方向。

　　我一个朋友的故事则更具代表性。老朱是我高中同班同学，他是从农村考到县城重点高中的，在那个年代，这实属不易。高中毕业后，我和老朱失去了联络。多年后再次相见时，他已经考进了公安部，成为一名国家公务人员。在一次吃饭时，老朱和我说："老何，我从小就想当警察，惩奸除恶。当年高考第一次失利后，我回到农村，整天和狐朋狗友打牌，简直就是在荒废人生。后来，我想起了自己的目标，于是重新备考，考上警察学校，考进公安部，走到今天，都是因为小时候当警察的梦想推动着我前进。"老朱现在已经是公安部某局处长，为国家的安全默默地做出贡献。有一次我问老朱："如果你有一次重新来过的机会，你还会选择当警察吗？"老朱说："我一定还会选择当警察。"

　　老朱的目标引领着他一路狂飙，从农村到小县城，再到首都北京，从农村孩子到公安部的处长。时至今日，他仍然在努力前行。2023 年 5 月的一天，我去北京出差，老朱一家请我吃晚饭。正在聊天叙旧中，老朱接了一通电话，然后马上就赶回公安部处理工作。我看了一下时间，那时已经是晚上 9 点。他的努力不需要别人鞭策。

牛老师是我曾经培训过的一位外企高管，她和我分享了她表妹丁医生的故事。丁医生在河南的一个小乡村里长大，家境贫穷，从小成绩就非常差，上大学是不可能的。丁医生小时候去口腔诊所看牙，被牙医高超的技术所折服，之后便经常去口腔诊所观察医生给病人看病。那时候，她就暗下决心，自己长大后要成为一名牙医，并拥有自己的诊所。之后，她考上了当地的卫校，卫校毕业后去诊所实习，当护士，然后通过自己努力学习，拿到从医资格证。现在丁医生已经在郑州拥有了自己的诊所。用牛老师的话说，丁医生非常热爱自己的职业，她不但技艺高超，还非常热情地对待每一位患者，患者被治疗后都有如沐春风的感觉。丁医生是幸运的，也是幸福的，因为她已经达成了自己小时候设定的"生涯目的地"，并在享受幸福。更重要的是，当年设定的那个目标让她在奋斗的路上勇往直前，从被人看不上的"学渣"，一路逆袭到受人尊敬的牙医。可以想象到的是，这一路上肯定充满了各种艰辛和障碍，但是在目标的引领下，靠着勤奋、努力和一点点幸运，丁医生实现了世人常说的阶层跨越。

无论是我、老朱还是丁医生，我们在中学时都没有做过真正的生涯规划，也没有接受过专业的生涯指导和咨询，但是在我们人生中发生的一些可能是不经意的事情，在心里种下了一颗种子。我的种子是"成为老何家第一个上大学的人"，老朱的种子是"成为除恶惩奸的好警察"，丁医生的种子是"成为知名牙医，拥有自己的诊所"。这颗种子不断发芽、成长，成为我们人生中的重要目标，也带来巨大的人生动力。

从科学生涯规划的角度来看，丁医生和老朱的种子比我的种子要更加长远、更加具体，是关于"生涯目的地"的种子，产生的动力也更加持久。而我的种子是上大学，以为上大学就圆满了，就达到人生目的地了。其实不然，上大学仅仅是通向生涯目的地的一条路径而已，把路径当作目的地来看，也难怪我之后走了那么多的弯路了。本书后面章节将详细阐述如何定位属于自己的"生涯目的地"。

过去这20年来，我接触过大量的中学生和大学生，有成绩好的，也有成绩不理想的，有家境极为富有的，也有家境非常一般甚至十分贫穷的。我想和大家说的是，有没有目标和动力，其实和学生的家境没有太大关系。我见过家境巨富的孩子没有目标，学习也毫无动力，整天无所事事躺平摆烂，甚至花几百万去国外上大学却不能毕业的；也见过家境一般，但目标明确，通过自己的努力考入名校，甚至进入福布斯排行榜的。我更见过大量被人定义为"普通人"家的孩子，这些孩子的家庭没有所谓的"背景"和"资源"，在这个充满不确定性的社会中，他们茫然，没有目标，学习动力缺失，跟风式地选择所谓的"热门专业"，以为考上研究生、公务员就"上岸"了，但人生其实一直是在航行中，哪有所谓的"上岸"。相信本书能够对这些茫然、没有目标的人们有所帮助，让他们在这个充满了各种嘈杂声音的社会中，倾听自己内心的声音，发现自己的热爱，明确自己的目标和努力方向，成就属于自己的幸福。

🎯 生涯规划让教育规划更有的放矢

2024 年，有一千多万学生参加高考，他们面临的是人生中极其重要的一个抉择，那就是选择什么专业和大学。日复一日，年复一年，故事的结局每年都是类似的，那就是绝大多数学生在没有明确人生目标的情况下，在高考结束后的两三周之内，听着家人的意见、朋友的意见、老师的意见、网上意见领袖的意见，跟随着所谓的社会热点，跟风式地做出了大学和专业的抉择。

十年前房地产行业如火如荼，于是大量的学生报考了和房地产相关的专业，期待获得高薪稳定的工作。事实上，这几年建筑相关行业的就业已经十分困难，当年一窝蜂地选相关专业的同学，正在面临就业寒冬。在 2023 年的暑假，计算机专业成了所有考生眼中的热门选择，因为貌似在当下阶段，毕业后的薪水要更高。故事中的"学计算机，进大厂，35 岁就财务自由，然后退休"听起来貌似很美好。甚至有人喊出了"二本的计算机专业都比同济大学的土木工程专业好"，并获得大量点赞。而事实是，计算机专业的就业行情早已苦不堪言，"大厂裁员、工作难找、薪资下降、996、35 岁下岗"这些关键词正在困扰着计算机专业毕业的大学生。是不是这几年涌进计算机专业的学生又跟风错了呢？

在我小的时候，很多农民赚不到钱。因为他们的选择总是跟风的。看到别人今年种玉米赚钱了，于是第二年大家都来种玉米，结果发现第二年玉米价格下来了，不赚钱了，一年的活白干了。然后再看当年种什么赚钱就跟风种什么……周而复始，年复一年地陷入跟风种地的怪圈。在选择大学专业这个问题上，现在的社会状况和跟风种地是何其相似。更值得人深思的是，二十多年过去了，和我当年考大学的时候相比，这个状况貌似没有丝毫改变。

各行各业都有出头之日，而各个专业也必有其可取之处。问题是，作为个体而言，你的选择是基于什么呢？专业和大学的选择是教育规划的重要组成部分，而教育规划则是生涯规划的重要环节。脱离了生涯规划，没有明确的人生目标，只是因为哪些专业当下好就业、好赚钱，就去选择，则很容易陷入跟风种地的困境。

那么生涯规划和教育规划到底如何关联呢？简单来说，首先要分析清楚自己的职业兴趣、能力和价值观。每个人有着不同的天赋、能力、兴趣和价值观，我们统称为"职业特质"。特质不同，适合发展的领域自然有所不同。生涯规划的根本所在，就在于不断向内挖掘自己的职业特质，并和真实的世界建立关联，去探索自己感兴趣的领域。在个人和世界交互的过程中，自我认知将会被不断塑造，职业目标也会逐步清晰。有了相对明确的职业目标，教育规划就变成显而易见的事情了。

丁医生通过探索，把成为知名牙医、治病救人设定为职业目标。根据当时的状况，她考上了卫校，这是能够通往职业目标的教育路径。上卫校当然不足够，后面她通过持续的学习和培训，才逐步成为真正的牙医。虽然她的教育经历不显眼，但是她当时选择上卫校，然后实习，再不断持续学习，这些都是奔向自己目标努力的过程。

老朱的例子也很有代表性，他从小就立志当警察，那么警察学院自然是他的最佳选择。

我当年考上了985大学，和老朱、丁医生相比，貌似我的教育经历更加显著，但是我却走了比他们更长的人生弯路，因为我的目标是上大学，他们的目标是实现职业梦想。

生涯规划让我们能够"以终为始"地看待自己的每一次重要选

择。如果我当年有清晰的自我认知，对自己的职业特质足够了解，有了相对清晰的职业目标，我就不会在高中阶段的文理分科、选专业、选大学这类重大决定中做出错误的选择。

作为一名生涯咨询师，如果现在穿越回到当年，我一定可以准确找到当年那个"我"的职业特质，探索并找到自己的职业目标。那么"我"大概率会在高中文理选科时选择文科，而不是盲从地选择理科。虽然当时我的文理成绩比较均衡，但是学习历史和政治的时候，我抱有浓厚的兴趣，学起来也更加轻松，而数学、物理、化学的学习则让我感到痛苦，考试时最后一道大题永远做不对。虽然最后的高考成绩不错，但那是无数个日日夜夜努力刷题的结果。回到大学和专业的选择这个关键时间点，我也就不会按照亲戚的建议选择大连理工大学的材料科学和工程专业，而是去报考华东师范大学或北京师范大学的教育学或心理学相关专业。事实上，选科、选专业、选大学这些重大的人生决定几乎是不可逆的。一旦选择错误，想要纠错就需要在时间、精力、金钱方面花费极大的代价。我恰恰是花了大学四年的时间去学习自己毫无兴趣、在之后的人生中也完全没有半点关联的专业。这段弯路对我的人生所带来的负面影响远远不是几段文字所能描述出来的。

我的经历并非个例，事实上，在当年与我大学同寝室的八位室友中，只有一人喜欢材料工程这个专业。放到整个社会层面，何尝不是和我一样，在选科、选专业、选大学等重大选择面前做出了并不适合自己的决定，而后用自己的人生去慢慢纠错。在纠错的过程中，有些人通过不断调整找到了自己的热爱，并通过不懈的努力在本领域做出了卓越的贡献，但更多的人却迷失了自己的方向，于是躺平、摆烂、摸鱼、划水成了职场流行语。

科学的生涯规划，可以在人生的关键点上为选择提供足够的依据和参考。那么专业和大学的选择就不仅仅是看什么专业热门、什么专业好赚钱了。

🎯 生涯规划助力青少年实现满足、坚持、贡献的人生

从 2009 年开始，全球知名的民意调查和咨询公司盖洛普（Gallup）每年公布一次全球职场状态报告（State of Global Workplace）。报告把全球职场人士在工作中的状态分为三类，分别是"积极投入""不投入""积极不投入"。在 2023 年发布的报告中，"不投入"和"积极不投入"的比例总和高达 77%。在这份报告中，东亚地区职场人士的工作低投入比例更是高达 83%。

不知道大家看到这个数据时是不是感到心惊，事实上，这个数据已经比以前有较大的改进了。在 2009 年，这一数据达到令人咋舌的 88%。这意味着，在全球职场，平均十个人中，就有八九个人是心不在焉地工作，用网络流行词来说，就是在"摸鱼""摆烂""划水"。

成功生涯规划的成果之一，就是每个人都能在工作中实现这三个关键词：满足、坚持、贡献，这也是现代生涯规划理论奠基人约翰·霍兰德（John Holland）在其理论中所提及的三个生涯关键词。

满足，即每个人不管性格、特质如何，都能够从事令自己开心、满意的工作。坚持，意味着要认识到任何工作都不可能是一帆风顺的，但坚持会让自己在工作中迎难而上，突破艰难险阻。贡献，指

的是在自己感兴趣且坚持的领域不断努力，长此以往，则必将在该领域做出杰出贡献。

要实现满意、坚持、贡献的人生，并不是靠"天上掉馅饼"般的运气，或"跟风种地"式的教育规划便可以实现的。

🎯 生涯规划让普通家庭的孩子也可以活出不普通的人生

不知道从什么时候开始，社会上出现了很多关于"普通人"和"非普通人"的提法。例如，什么工作是适合"普通人"的，没钱没资源不要学某某专业。还有所谓的阶层已经固化，普通家庭的孩子能找到一份稳定工作就行了，不要谈什么兴趣和理想，诸如此类的言辞甚嚣尘上。

诚然，每个人出身的家庭背景千差万别，成长的社会环境不尽相同，个体之间很难相提并论，这也注定了每个人的成长路径迥然不同。但是在生涯规划领域，有一些普适性的原则，使人在面对所谓的"普通人"和"非普通人"之争时，能够从容地卸下"普通人"这个标签，更加清晰地做出自己的判断。

生涯规划可以挖掘每个人的最大价值

2011年，我给一个名叫小宇的河南考生提供过咨询帮助。小宇出身于普通家庭，母亲下岗，父亲是工人。小宇当年高考成绩不理想，只能上当时的二本，前路茫茫，不知该怎么办。我引导他展望了一系列未来的可能性，他认识到了学习的目的不只是上大学，而是为了以后取得满足、坚持、贡献的人生。咨询结束后，他决定复读一年。在备考那一年，用他母亲的话说"他简直换了一个人，完全不需要任何督促，甚至吃饭的时候都在学习"。第二年，他考上了华南理工大学，就读光电信息科学和工程专业。在校四年，小宇夜以继日地刻苦攻读，四年后成为学校优秀毕业生，并在 2021 年博士毕业后在北京大学做博士后，其论文被全球顶尖学术期刊收录。2023 年，他基于自己的研究成果创办的公司已经拿到上千万的投资，并在湖北省创新创业大赛中拿到了金奖。他的研究成果已经开始商用，在医疗检测领域是一项重大突破。虽然他的论文我已经读不懂，但是我非常欣慰，十几年前的那次生涯咨询给他带来了动力，让他找到了努力的方向。

十几年过去了，他这个曾经的"普通人"已经在践行"满足、坚持、贡献"这三个生涯关键词。更重要的是，他还在前进的路上，他也必将在人生路上实现自己更大的价值。

用生涯规划找到自己的潜在兴趣和热爱

缪老师是一位生涯规划师，也是我的一位学员。她和我分享了小王的故事。小王中考成绩十分糟糕，只有 200 多分。普通高中肯定上不了，职高她又不愿意上。在父母眼中，这个女儿有些叛逆，前途黯淡无光。缪老师在咨询中发现，小王不喜欢学习，对所有的科目都没有兴趣，但是她喜欢做西点，只是通过阅读小红书上的文章，她就可以做出非常不错的法棍。在父母眼中，小王这一仅有的兴趣也是毫无用处的。

在缪老师的鼓励和带领下，小王对西点师这个职业进行了深度探索。她了解到市场上非常稀缺高级西点师，她所在城市的一些高端烘焙店开出月薪两三万元都留不住优秀的西点师。小王不仅对做西点有着天然的兴趣，而且貌似小有天赋。在缪老师的指导下，小王选择在苏州的一个学校接受培训，梦想以后成为一名优秀的西点师。学习西点一段时间之后，她发现学校有提供去瑞士酒店管理学校进修的机会，这让她十分兴奋。于是她开始努力学习英语，希望能够争取到去瑞士读书的机会。小王现在学习完全不需要任何人督促，因为学的东西正是小王的兴趣和热爱所在，也能让她以后"过上体面的人生"，自己再也不会是别人眼中的"学渣"。

生涯规划激发自我效能

"你就是个普通人，智商也不高，没啥天赋。"类似这样的话你听过吗？你相信这样的话了吗？

我七岁才开始学会使筷子，从小就被认为是笨手笨脚的人。小时候，每次我尝试用双手去做一些事情的时候，父母、亲戚、兄姐就会说："你别做了，笨手笨脚的。"久而久之，我就停止尝试了，然后深信自己就是一个手脚笨拙的人。于是，我现在可以"自豪"地说，我是少有的连包饺子都不会的东北人。问题是，我是真的生来就笨手笨脚吗？我笨手笨脚的这个特质是如何形成的呢？

福特汽车的创始人亨利·福特（Herry Ford）曾经说过："不管你相信你能做到还是不能做到，你通常都是对的。"这句话貌似有些形而上学，但实际上，这恰恰是心理学大师阿尔伯特·班杜拉（Albert Bandura）所提出的社会认知理论的体现。用班杜拉的话来说："自我相信不一定确保成功，自我不信注定失败。"

显然，笨手笨脚是因为我根本就不相信我有能力用双手去创造，而每次失败的尝试都伴随着身边人的冷嘲热讽，这就更加剧了我信心的丧失。时至今日，"自我不信"让笨手笨脚这个标签仍然伴随着我，和动手能力相关的职业自然都不适合我，例如工程。

对于相信自己的人，我们称之为"自我效能高"，这样的人会设定更难以实现的目标，在面对挫折时仍能保持对目标的专注。而"自我效能低"的人在面对困难的任务时则会轻言放弃。在生涯规划方面，自我效能指的是人们有没有信心在感兴趣的领域构建相应的能力。

小李是找我咨询过的一名高一学生。他所在的高中在高一就决定高考选科的方向。在物理和历史之间，他听从了班主任和母亲的建议，选择了物理，理由是选择物理意味着高考后填报志愿时可以选择绝大多数的专业。但小李其实一点也不喜欢学物理。我安排小李做了两个 Kuder 测评（"Kuder 职业兴趣测评"和"Kuder 技能自信度测评"），结果显示，在与物理相关的研究型特质（具体详见本书第三章）方面，小李的兴趣程度非常低，与之匹配的技能自信度就低得不能再低了。这显示小李对学物理既没有兴趣也没有信心。换言之，在有研究型特质要求的职业和专业方面，小李的自我效能非常低。班杜拉说的"自我不信注定失败"就是说的这种情况。小李的母亲说："我之前一直以为只要他努力，就可以学好物理的。"真实情况是，小李不喜欢物理，也没有信心学好物理，甚至已经开始厌学了。

在物理方面的自我效能低并不意味着小李一无是处。他也有自己的长板。通过小李的过往经验和 Kuder 测评得知，小李的艺术型特质（详见第三章）非常强。他喜欢读历史，喜欢各种形式的创意，还曾经在亚太地区的某个艺术大赛上拿到过金奖。在创意和表达领域，小李既有兴趣，还有极强的自我效能。在看到这一点之后，小李的母亲同意他把高中选科从物理转成了历史，而且也允许他花时间去进行艺术创作，还给他报了一个艺术创作的课外班。刚上了两节课，他的一个创意就受到了老师的公开表扬。小李也不厌学了，脸上开始重现自信的笑容。尚在高一的小李虽然还没有确定职业方向，但是他在艺术和创意领域的自我效能非常之高，这也会引领他在之后的学习和职业生涯路上坚韧前行。

第二章

青少年生涯启蒙

我们在生命中所扮演的角色、所从事的活动，都是我们的"生涯"。我们的人生正是在完成各种活动的过程中不断构建起来的。只要我们在各个人生角色上做的事情都体现了自己的兴趣、能力、价值观，这样的人生就会非常丰盈。舒伯把这样丰盈的人生状态称为"生涯彩虹"。

　　生涯规划并不是一蹴而就的事情，也并不是什么热门就选什么。要开展真正的生涯规划，需按照久经验证的生涯规划流程，通过七个完整的步骤完成了解自己、探索职业、规划教育等过程，才能够真正找到自己感兴趣甚至热爱的方向。

⚙️ 何为生涯

我这里有一个神奇的数字：1440。我们每天都拥有它，而且每个人都一样。大家猜一猜它是什么？答案会在本小节公布。

"生涯规划"是外来词，它对应的英文是"Career Planning"。从字面上看，Career 是职业的意思，Planning 是规划的意思。那么为什么对应的中文被翻译成"生涯规划"了呢？其实，让我们看看Career 一词是如何定义的，就会明了。

美国国家职业发展协会（NCDA）前任主席斯宾塞·奈尔斯（Spencer Niles）和乔安·哈里斯·博尔斯比（JoAnn Harris Bowlsbey）给出了 Career 的定义："Career 是因人而异的，由我们人生中所做出的各种决定而创造出来。Career 通过人和环境的不断交互而产生。管理好我们的 Career，需要有效地整合我们人生中的各个角色。"

现代生涯规划领域的奠基人之一唐纳德·舒伯认为，Career 不单单是工作，而是人在整个生命周期中所从事的各种角色的综合，而工作是众多人生角色当中的一项重要角色。生涯规划不单单是为工作做规划，更是为人生的所有角色做规划。舒伯把我们在不同阶段的人生角色定义为子女、学生、父母、工作者、休闲者、配偶／伴侣、持家者、公民。舒伯的学生博尔斯比后来又在其理论的基础上增加了朋友这个角色。

现在就不难理解为什么"Career Planning"不仅仅是"工作规划"，而是"生涯规划"了。狭义来说，生涯规划的是工作、职业和事业，广义来说则是全面的人生规划，包括学习、休闲娱乐、工作、家庭、朋友等。

其实，我们在生命中所扮演的角色、所从事的活动，都是我们的"生涯"。我们的人生正是在完成各种活动的过程中不断构建起来的。

大家经常谈及"要平衡工作和生活"，在生涯规划领域，工作和生活都是人生的组成部分，人们要做的不应该是去平衡，而应该是在全面的人生角色上，去做体现自己兴趣、能力、价值观的事情，这些事情既可以是工作，也可以是业余爱好，还可以是照顾家人或关爱自己所在的社区。工作和生活并不是也不应该是割裂开来的。只要我们在各个人生角色上做的事情都体现了自己的兴趣、能力、价值观，这样的人生就会非常丰满。舒伯把这样丰满的人生状态称为"生涯彩虹"（见下图）。

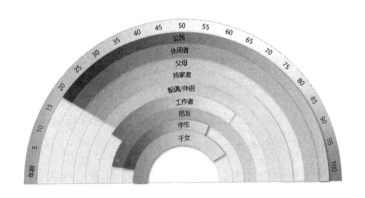

在一次培训课上，我向几十位学员分享了我的导师安德鲁先生的人生故事，大家都觉得安德鲁先生的人生非常精彩，就像彩虹一样。

安德鲁先生曾先后在荷兰、英国、法国、日本、韩国等国家，以及中国香港和内地工作过，他曾从事过的工作包括屠宰场工人、木匠、建筑工人、警官、高山营救员、餐厅经理、度假村总经理、老师、人生教练、编辑、校对、翻译、档案管理员、销售和营销经理、首席执行官等。他的爱人是韩国人，他们有两个孩子，现在均已长大成人。他的业余爱好包括摄像、骑马、功夫、潜水、阅读、素描、徒步旅行、骑行、烹饪、健身、跳伞、射箭、盆栽、滑雪。在我写本书这一章节的当下，他和家人们正在菲律宾的一个小岛潜水度假，今天晚上我们要开一次重要的商务会议，而两周之后他和我又要去美国进行一次为期两周的商务旅行，他今年65岁。

看到他的人生彩虹，你是不是觉得很诧异，这怎么可能呢？他怎么能做这么多的事情？他哪来那么多时间？他的时间不比任何人多一分钟，也不比任何人少一分钟，他只不过把自己多元的兴趣、能力、价值观延展到了家庭、工作、休闲娱乐、公民、朋友等多种角色上了。

现在让我们回头去看本章开始提到的神奇数字1440。大家能猜到这个数字是什么了吗？你大概率会猜到它和时间有关。没错，1440是每一天的分钟数，每天24小时，每小时60分钟。你瞧，在时间面前，众生平等。

大家不妨评估一下自己现在的时间和精力都放在什么角色上了，在这角色上都做了什么事情，这就是你现在的生涯状态。然后不妨畅想一下，十年之后，你希望自己生涯状态是什么样呢？那个时候你的时间和精力都投入在什么角色上呢？如果你畅想十年后能够从事自己有热情且收入可观的工作，业余的时间做着自己爱好的事情，身边有着一圈兴趣、价值观很合的好友，也有足够的时间去陪自己的父母、爱人、孩子，那么看一看现在自己的时间和精力都花在了什么方面？这些投入是否有助于实现十年后的愿景呢？

生涯规划其实是更全面的人生规划，包括一般意义的职业规划

（对应工作者的角色）、教育规划（对应学生的角色），还包括业余爱好规划（对应休闲者的角色）、志愿活动的规划（对应公民角色）、家庭和婚姻规划（对应父母、伴侣的角色）。这些角色之间相互影响，这种影响可能是积极的，也可能是消极的。如果在自己不同的人生角色上，找到适合、感兴趣甚至热爱的领域，就可以真正活出像彩虹一样多彩的人生。我们人生的幸福度其实恰恰来自我们所扮演的这些人生角色。其实每一种角色的扮演都能够影响我们整体的人生满意度。在众多角色中，工作角色无疑是至关重要的。全球领先社会调查机构盖洛普的一项报告显示："职业幸福度对整体幸福感的影响是最大的。职业幸福度高的人在整个人生当中蓬勃发展的可能性是其他人的两倍。"

包括睡觉的时间在内，对于成年人来说，工作占到了我们人生整体时间的 40%～50%。如果从事的是自己不感兴趣的工作，那么其实将近 50% 的时间是不幸福的状态，这无疑会大大影响人生的整体幸福度。那么真正的生涯规划该如何进行呢？接下来的生涯规划全景图，能够让大家按部就班地实施生涯规划。

青少年生涯规划全景图

美国国家职业发展协会前任主席乔安·哈里斯·博尔斯比结合了各种生涯规划理论和实践，推出了在全球广受认可且久经验证的生涯规划流程，见下图：

生涯规划共分七个步骤，分别是：

1. 认识到要做出职业选择；

2. 自画像；

3. 确定需认真考虑的备选职业；

4. 详细了解每个备选职业；

5. 做出职业选择；

6. 接受相应的教育和培训；

7. 找到工作。

流程图的中间是给每一步进行决策提供的资源，包括测评、网站、人脉等资源库。每一个步骤，我们都需要调用中间的资源库来给自己的决定提供支持。通过这个流程，我们每个人都可以更加清晰地评估当下所处的生涯规划阶段，并做出有针对性的规划和安排。

第一步：认识到要做出职业的选择

这是开启生涯规划流程的第一个步骤。作为个体，我们每个人都需要认识到职业的选择是人生中的重大决定，需要综合考量各方面的因素，深思熟虑之后，再自主地做出决定。

这个步骤看起来简单，却是我从业多年遇到的最大的难题之一。可以说，在真实的世界当中，无论是学生还是工作人士，绝大多数人连生涯规划的第一个步骤都没有做到。

我认识的一些心理咨询师经常说，如果一个人没有意识到自己的心理出了问题，那么即便是在家人或朋友的强烈建议下去见了心理咨询师，也不会有什么作用，这和生涯规划的咨询非常相似。通常情况下，如果学生没有生涯规划方面的意识和认知，那么无论安排的是生涯咨询还是生涯探索项目，都会事倍功半。

在互联网时代，人们很容易就可以获取想要了解的知识和信息，信息差的时代已逐渐成为过去。认知差则是当代人需要重点关注的。生涯规划这个领域在国外已经发展了一百多年，这方面实际上不存在信息差。如果有足够认知的话，可以买到大量相关的著作，也可以学习到相关的课程，赋能自己科学地规划人生。而对生涯规划缺少认知的话，则会陷入"兴趣能当饭吃吗""高中生离职场还远着呢，到时候再规划也不晚""哪个专业赚钱多就报哪个"等此类话题的纠缠中。

无论你是学生还是工作人士，希望读到这里，至少你可以清楚生涯规划的重要性，也可以知道在面对人生中重大决定的时候，需要在进行充分的自我了解及充分的探索之后，再自行做出决定，而不是听亲戚、朋友或网上意见领袖的只言片语，就草率地做出决定。

第二步：自画像

在生涯规划领域，准确、真实的自画像是生涯规划行动的起点。

准确地画出自己的生涯自画像并不那么轻松。在生涯规划领域，评估或测评（Assessment）是我们会经常提及的一个词。本书下面的章节会就生涯测评进行详尽的阐述，通过关于兴趣、能力、价值观的正式测评和非正式测评相结合的方式，以及同时进行的自我反思，你就可以建立清晰的个人生涯自画像，接下来就可以正式进入生涯规划的第三步。

第三步：确定需要认真考虑的备选职业

对于正在就读的中学生来说，如果完成了生涯规划流程中第二步的生涯自画像，大概率可以避免上大学时选上自己完全不喜欢的专业。

生涯规划流程第三步的真正作用，并不是让学生立马选职业和专业，而是梳理出适合学生的多种职业方向。在梳理的过程中，要综合参考学生的自主意愿、家长的想法、咨询师的建议、社会的需求等多方面因素。在这一阶段，最重要的是把适合的职业可能性尽可能地找出来，同时把不适合的排除。简单来说，就是列出确认探索的职业清单，以便接下来进行探索。

第四步：详细了解每个备选职业

到了这一步，那些貌似比较抽象的兴趣、能力、价值观已经转换成了一系列具体的职业名称或职业方向了。接下来是不是随便选择一个看上去不错的就行了呢？答案当然是否定的。从理论上来说，这些职业都是自己可能会感兴趣的职业，因为自己的特质和这些职业匹配。但对于一个青少年来说，这些职业只是一些自己曾经听说过或者没听说过的名字而已，到底会对哪些职业真正感兴趣甚至会产生热爱，又会对哪些职业无甚感觉，这都需要去探索。我们的人生并不是由测评或其他人来决定的，每个人都是自己命运的掌舵者。前面做的这些准备，是让我们的选择更有科学性，也提高了快速找到感兴趣职业的可能性。接下来要做的，就是通过探索来找到自己和职业之间的真正关联。

通过生涯规划流程的前三个步骤，我们已经梳理出适合的职业方向。那么，接下来要做的就是对这些职业进行详尽的了解和探索。在探索的过程中，要不断进行反思。经过一段时间的探索后，也许清单上的某些职业让你觉得索然无味，那么就果断放弃；也许有些职业让你很感兴趣，那么就进行更深入的探索和学习。经过探索之后，就可以发现自己真正感兴趣的职业，在过程中甚至可能找到自己热爱的方向。到那个时候，那些职业就不只是一个名称或头衔，而是你和这个世界真正建立关联的地方。

第五步：做出职业选择

如果此时你已经完成了从第一步到第四步的完整过程，你会发现你不仅非常清楚自己的兴趣、能力、价值观，并且经过一系列的职业探索，你真正感兴趣的少数几个职业方向也已经跃然纸上，甚至你心里会有个声音告诉你应该做什么选择。

　　青少年这么早就需要做职业选择吗？答案是肯定的，因为青少年该学什么课程、选什么学科、读什么专业、上什么大学等教育规划，其目的并不是上大学，而是选择自己的职业目标通道。重要的是，在选择之前，你已经完成了生涯规划流程中的第一步到第五步，这个选择是基于充分自我认知和深度职业探索的情况下做出的。当然，这个选择并不是板上钉钉式的选择，做出选择之后，仍然要根据社会的发展与时俱进地进行调整。

第六步：接受相应的教育和培训

　　通过上面一系列的职业探索，相信你一定会对某一个或多个具体的职业方向产生浓厚的兴趣，这也就意味着接下来的教育规划可以有针对性地进行了。

　　教育规划其实是通向我们各自职业目标的通道，大学和专业只是这个通道的载体。对于青少年来说，如果你已经在第五步中决定了自己的职业选择，那么就需要在第六步设定有针对性的教育规划。

　　对于青少年来说，在中学阶段会面临着一系列重大的决定，例如国内新高考体系下的高中选科、专业和院校的选择、特殊招生方式，国际学校体系下选择什么课程、选择什么样的国际学校、重要考试的时间点有哪些，高中课程、竞赛、活动如何规划，留学目的地、大学和专业方向该如何规划，这些都是重要的、代价非常大的生涯规划。一旦做出了不恰当的决定，想要调整就必定要付出极大的代价。

　　无论是国内方向还是国际方向，教育规划领域仍然存在着很多信息差。希望本书教育规划篇的内容能够帮助读者缩小这方面的信息差，让大家少走弯路。

第七步：找到工作

　　对于中学生来说，"找到工作"这个词显得有些突兀，毕竟高中毕业后大概率是要进入高等院校或其他类型的院校读书的，并不是直接进入职场。在这里，我把这个步骤解释为"就业能力"。

　　毋庸置疑，学校的正规教育可以培养我们的知识和专业能力，但要让自己成为脱颖而出的应聘者，光有知识和专业能力是不够的，还必须要有"就业能力"。《如何提升你的批判性思维和反思技巧》（*How to Improve Your Critical Thinking & Reflecting Skills*，Published by Pearson）一书中对"就业能力"进行了这样的定义："就业能力是让个体能够稳定就业，并在整个生涯过程中有持续高水平表现所需的综合素养，涵盖学科知识、特定学科技能、通用技能、职业管理技能、个人品格、价值观和个人激励等。"

　　对于成人来说，大多数人可能也不具备上面提到的这些"就业能力"，对于中学生来说，就貌似更加不可思议。但如果我们仔细分析一下就会发现，获得这样的"就业能力"并不是遥不可及的事情，即便是对中学生来说。让我们来看一看定义中提到的这些关键词：学科知识、特定学科技能、通用技能、职业管理技能、个人品格、价值观和个人激励。

学科知识和特定学科技能：如果你已经做到了上面提到的六个步骤，表明你至少已经开始涉猎学科知识、特定学科技能，在接下来的大学阶段更会逐步深入，并且在接下来的整个职业生涯都会不断更新。

职业管理技能：如果你能按照本章提到的生涯规划流程不断反思并与时俱进地调整和学习，包括在关键的时间点做出合适的决定，那你算是具备初步的职业管理技能了。其实，生涯规划能力本身就是一种职业管理技能。

价值观：价值观指的是我们在人生中看重的东西。本书在第三章将提供工作价值观的介绍。需要强调的是，你的价值观可能会随着你的成长进行微调，21 岁之后，价值观就已经基本成型。

个人品格和通用技能多少有些重复，有的时候我们把它们称为软技能或通识素养。

终身成长和终身规划

在生涯规划领域，现在大家经常提及的是 K-Gray，K 代表了幼儿园（Kindergarten），Gray 代表着头发灰白的人。从幼儿园到头发灰白，都要终身进行科学的生涯规划。

对于中学生来说，进入职场至少还有四年至十年的时间，虽然我们在畅想未来的时候已经尽可能地评估了自己的特质和社会的发展趋势，但人生其实仍然充满了变数，因为变化才是真正的定数。

这时候，我们要做的就是与时俱进。要认识到，我们人生中大概率是要完成多个这样的生涯规划过程的。即便我们无法预知未来，但至少我们可以确信，在当下阶段我们做出的是最佳决定。

第三章

生涯自画像

我到底适合什么样的职业？人们希望得到快速、明确的答案，但生涯规划并不是科学算命。

自 1908 年至今，生涯规划这个领域已经走过了一百多年的发展历程，众多理论大师和从业人员都做出了杰出贡献，个人生涯规划的开展要基于科学的理论。首先，我们需要勾画出清晰的生涯自画像。

要进行科学的生涯规划，首先要对自己有清晰的了解。自我了解（自我认知）从来就不是一件容易的事情。大家不妨花几秒钟先做做下面这个活动。

活动 3.1
自我认知

　　如果百分百了解自己是十分，完全不了解自己是零分。你认为你对自己的了解可以打几分呢？

经过几十年的积极向内探索和向外探索，我对自己的自我认知评分可以打到 8.5 分。有一次，我的一个学生问我："何老师，世界冠军谷爱凌对自己的了解可以打 10 分吗？"我相信这个答案是否定的。就像我们对这个世界的认知没有尽头一样，人们对自己的认知也做不到百分之百。这里可以借用认知心理学领域的乔哈里视窗（Johari Window）来解释。人们对自我的认知有四个象限，如下页图所示。

自己知道、别人也知道的称之为公开区。比如我喜欢打篮球。我自己当然知道，我的家人、同学、朋友们也知道，这就是公开区。

自己知道，但是从来没有告诉过别人，别人不知道的，就被称为隐秘区。比如我在中学时曾写过一部烂尾的武侠小说。这件事我从来没有和任何人说起过，别人自然无从得知，那么这个信息就属于隐秘区。当然，现在大家知道了，这个信息就从隐秘区变成公开区了。

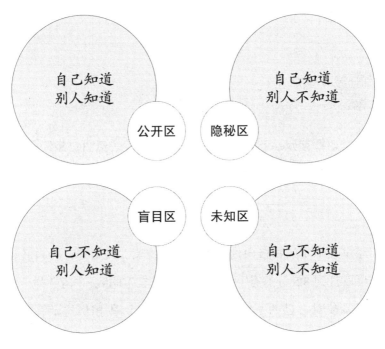

乔哈里视窗

对于个体而言，无论是公开区还是隐秘区，自己都是了解的，自我认知在这方面不存在问题。不过对于盲目区和未知区的自我认知就不那么容易了。

盲目区指的是你自己不知道，别人知道但是没有告诉你的信息。我有个同学，非常好高骛远，喜欢别人夸自己聪明。他做题喜欢挑战难度高的题，做对了就沾沾自喜，喜欢别人夸他聪明。但到了真正考试的时候，他的分数却总是不甚理想。对于他这样爱要面子和耍小聪明的表现，很多同学都心知肚明，但是没有人告诉他。他也很可能不知道自己有这样的特点。这些特点对于他来说，就是盲目区。

未知区指的是别人不知道、自己也不知道的。每个人都有很多隐藏的天赋和潜力，而这些潜力和天赋是什么，在没有探明的情况下，是没有人知道的。我在中学时不知道自己有什么天赋，较为内向。多年之后，我有了一次给几百人讲座的机会，虽然当时很紧张，但是经过精心的准备，我很快就适应了。没过多久，我就发现我非常享受公众演讲，甚至可以说是小有天赋。多年后在美国读研究生的时候，我的一次英文学术演讲还被同班同学评选为最佳演讲。善于演讲这个特质，对于我来讲，在中学时是属于"未知区"的，但现在属于"公开区"了。

可以看出，有很多区域是我们自己的盲目区和未知区，这注定了我们不可能百分之百了解自己。对于青少年来说，实现清晰的自我认知固然不易，但核心在于探索。只要能够积极探索自我、探索世界，并不断反思，那么对自己的认知一定会更加清晰，原来的盲目区和未知区也会变成公开区。

🎯 了解自己的特质

关于兴趣，很多人会说，我什么兴趣都没有，对任何职业也没有兴趣。真的是这样吗？下面有个小活动，请大家参与一下。

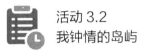

活动 3.2
我钟情的岛屿

假如你获得了一次免费出行的机会，有机会去以下六个岛屿中的一个。唯一的要求是你必须要在这个岛上和岛上的居民一起生活至少半年时间。请不要考虑其他因素，仅凭自己的兴趣挑出你想前往的岛屿。这六个岛屿的描述如下：

R 岛：自然原始岛

这是个自然生态优良的绿色之岛。岛上不仅保留有热带雨林等原始生态系统，而且建立了相当规模的植物园、动物园、水族馆。岛民以手工制造见长，他们自己种植花果、栽培蔬菜、修缮房屋、打造器物、制作工具。

I 岛：深思冥想岛

这个岛绿野平畴，人少僻静，适合夜观星象。岛上有很多天文馆、科技博物馆、科学图书馆。岛民们最喜欢待在自己的小房子里，天天钻研学问，沉思冥想，探究真知。哲学家、科学家和心理学家们在这里聚会，讨论学术、交流思想。

A 岛：美丽浪漫岛

这个岛上到处是美术馆、音乐厅，弥漫着浓厚的艺术文化气息。岛民们保留着传统的舞蹈、音乐与绘画能力。许多文艺界人士都喜欢来这里开派对，寻求灵感。

S 岛：温暖友善岛

这个岛的岛民们都性情温和，乐于助人，人际关系十分友善。大家互助合作，重视教育后代。每个社区都能自成一个密切互动的服务网络，处处充满着人文关怀气息。

E 岛：显赫富庶岛

该岛经济高度发达，处处高级饭店、俱乐部、高尔夫球场。岛民性格热情豪爽，善于企业经营和贸易活动。岛上往来者多是企业家、经理人、政治家、律师等等。这些商界名流与上等阶层人士在岛上享受着高品质生活。

C 岛：现代井然岛

处处耸立着的现代建筑，标志着这是一个进步的、都市形态的岛屿，岛上的户政管理、地政管理及金融管理都十分完善。岛民们个性冷静保守，处事有条不紊，善于组织规划。

请根据你的兴趣，在不考虑旅行费用（因为是免费的）的情况下，选择出你想去的岛屿：

你最想去的岛屿是：
你第二想去的岛屿是：
你第三想去的岛屿是：

上面的活动父母可以带着孩子一起来做，做完之后，大家一起来分享一下，你为什么会做出这样的选择？可以在下面写出你喜欢这些岛屿的原因？

通过上面这个活动，你也许会发现，每个人的选择可能不尽相同，但都会给出自己的理由。

我们之所以会选择不同的岛屿，是因为这些岛屿上的环境不同，这里的环境不仅仅是自然环境，也包括我们能够接触到的人、事情。作为个体，我们会被一些环境所吸引，而对一些环境却没有感觉。

我本人对 R 岛就毫无好感。你也许会说，大自然多好啊，树木、森林、清新的空气、鸟语花香，这样的神仙世界谁不向往啊。嗯，我不向往。如果让我在这样的环境待上一周，我会表示非常愿意。但是要我待上半年，那绝无可能。事实上，在 2023 年的 6 月份，我曾经在类似这里的地方待过两周。

安德鲁·托德先生是我的忘年交，也是我的人生导师。作为一个英国人，他在 1991 年就来到了亚洲，曾经在牛津大学出版社、麦克米伦、ACT 等全球知名教育集团担任高管，为国际教育的发展做出了杰出贡献。安德鲁近几年在韩国常住。他居住的环境和 R 岛非常类似，郁郁葱葱的山林中雾气环绕，宁静的河流穿越山谷，不知名的林鸟在远方鸣叫。安德鲁家还有个大农场，里面种植了许多花草、蔬菜、水果。2023 年，我在这样的环境里待了两个星期。有一天，在农场旁边的小溪里，我花了两个小时堆了一个到处漏水的水坝，还用斧头砍了半个小时的木头。然后，我就感到索然无趣了。同在农场里的还有安德鲁的夫人顺熙女士。她时而悉心照顾种植在大棚里的各种各样的多肉植物，时而给其他植物除虫，时而采摘蔓越莓。她的怡然自得和我的索然无味形成了鲜明对比。顺熙女士告诉我，她可以整天待在这个农场里，也不会觉得枯燥。我想，如果她做选择的话，R 岛一定是她排在第一位要去的岛。

安德鲁夫妇非常热情好客，对我也非常好，但是在韩国待了两周后，我已经迫不及待地想离开那个山清水秀的地方了。我想，如果让我待上半年的话，我会疯掉。

如果我的工作就是待在这样宜人的环境中，拿着各种各样的工具和花草、树木、昆虫打交道的话，我想我不会开心。

至今我都能想起来那只在农场里、在林间小道上一直追着我飞，怎么赶也赶不走的小飞虫，那嗡嗡的声音好像还在我耳边响起。十天半个月的休闲之旅尚且让我乏味，如果是拿出我生命中 50% 左右的时间在 R 岛上工作，我想我定然会抑郁生病的。

说到这里，大家可能已经对"特质"和"环境"这两个词有所领悟了。简而言之，就是我的个人"特质"与 R 岛这样的"环境"格格不入。那么，R 岛上的相关职业，就不是我的最佳选择。在生命中，我们扮演着很多角色，其中工作的角色（对于绝大多数人来说）占到了 40%～50% 的时间。如果在生命中将近一半的时间是抑郁不开心的状态，那真的是不值得了。

其实上面这个活动中所描述的岛屿并不是空穴来风。这个活动是基于现代生涯规划领域的一位重量级大师约翰·霍兰德的理论设计而成。

霍兰德理论的一个要旨是："个人的特质可以描述为六种类型的组合，这六种类型是：现实型（R）、研究型（I）、艺术型（A）、社交型（S）、企业型（E）、传统型（C）。"

简单来说，我们每个人都是由 R、I、A、S、E、C 这六种类型的特质组成。那么这六种特质都代表了什么呢？

现实型特质（R）

我们先来看看现实型特质，即 R。以下是 R 特质的一些特点。

- 主要驱动力：行动。
- 喜欢和工具、物体、机器或动物打交道。
- 喜欢户外。
- 发展手工、机械、农业或电气等方面的技能。
- 更愿意选择与建造或修理东西相关的职业。
- 倾向于脚踏实地和实操。

我总结出这些关键词：动手操作、实践性工作、户外工作、建筑工作、体育活动、操作设备、组装物体、修理东西、使用器械、脚踏实地。

如果用这些关键词来描述你，你觉得匹配吗？

对于我来说，可以说是非常不匹配。事实上，我对所有与动手相关的活动都没有任何兴趣。其实这也就解释了为什么我会在农场里百无聊赖了。当然，人和人之间的区别是非常大的。很明显，顺熙女士的 R 特质就非常明显，这也就解释了她为什么在农场那样的环境里能够怡然自得了。

研究型特质（I）

第二个霍兰德特质是研究型特质，即 I。具有 I 特质的人拥有以下特点。

· 主要驱动力：分析、解决问题。
· 喜欢与生物和物理科学相关的活动。
· 发展数学和科学方面的能力。
· 更愿意选择科学和医学领域的职业。
· 倾向于好奇、好学和独立。

我总结出这些关键词：充满好奇心、不断学习（新知识）、观察、探究性活动、脑力活动、喜欢通过思考解决问题、批判性思维、逻辑分析、抽象思维。

这些关键词和你匹配吗？

这些关键词和我的导师安德鲁先生相当匹配。他的观察能力入木三分，他对所有事情都充满好奇心，已经六十多岁了仍然在不断学习。面对任何问题时，他总能利用逻辑思维和批判性思维去抽丝剥茧，找出解决方案。

2011 年的一个夏天，我和安德鲁先生去合肥出差，与安徽大学国际合作交流处洽谈合作事宜，接待我们的是徐处长。见面之初，双方互递名片，我记住了徐处长的名字。洽谈完毕，徐处长请我们去附近餐厅吃饭。主宾入座后，进来了一个服务员，随后，安德鲁先生问了一个"直击我灵魂"的问题。他问道："这个服务员和徐处长之间有什么关系？"

看到这个问题，你是不是很诧异？我也一样，觉得这个问题非常无厘头。我自言自语道："总不可能这个服务员是徐处长的女儿吧！"我自己都被这个想法惊到。安德鲁大笑道："当然不是，你拿出来徐处长的名片看看。"于是我拿出了徐处长的名片，仍然不解地表示："这有啥关系啊？！"安德鲁先生说："你看看徐处长电子邮件地址中间的几个数字。"然后指了指服务员的胸牌。"啊！"我诧异地喊道，这个服务员的胸牌号居然和徐处长电子邮件地址中间的几个数字完全一致。

在和徐处长交换名片的时候，我只记住了他的名字，安德鲁先生却在那几秒钟的时间里，连徐处长的电子邮件地址都记住了。

在之后的十几年内，安德鲁先生入木三分的观察能力在生活里的各种小事中频繁体现。而事实上，他的观察和钻研能力在工作中体现得更是淋漓尽致。他研发的全球评估证书（Global Assessment Certificate）课程，已经让包括中国学生在内的全球数十万学生受益。

可以毫无争议地说，安德鲁先生的研究型特质尤为突出。至于我吗？虽然有一些关键词和我也是匹配的，但总体上我对研究型特质是无感的。

那么你呢？

事实证明，几乎所有STEM（科学、技术、工程、数学）领域的职业都需要有特别显著的研究型特质。

艺术型特质（A）

第三个霍兰德特质是艺术型特质，即 A。具有 A 特质的人拥有以下特点：

· 主要驱动力：创造和表达。
· 喜欢不受常规限制的创造性活动。
· 发展语言、艺术、音乐和戏剧等方面的技能。
· 更愿意选择需要创造性才能的职业。
· 倾向于创造和自由思考。

我总结出的关键词有：塑造、设计、装饰、创造性活动、自我表达、文学、语言、没有约束的活动、音乐、保持创新。

你觉得这些关键词像是在描述你吗？

找我咨询的学生小 A 就非常符合这些关键词。从初中时他就开始写小说，平均每周都有上万字的创作。最近他发了一篇自己写的悬疑小说给我看。我惊呆了。无论是环境气氛的渲染，还是故事情节，以及人物形象，都跃然纸上。他用喜欢的文字没有约束地表达着自己的想法和情绪。他母亲说小 A 是内向的、不善言谈的，但在咨询的时候，他却能和我侃侃而谈，非常好地表达自己的想法。前段时间，他发给我一些他拍摄的各类照片：有在夜间行走的路人，通过画面，我仿佛能感受到路人的孤单；有卖长沙臭豆腐的小摊主，我仿佛看到了夜市的烟火气；还有艺术感十足的窗户，我仿佛看到了文艺复兴时代的艺术大师作品。这些作品，都是他在没有系统学习过摄影技术的情况下完成的。目前，他虽然还没有明确职业方向，但冥冥之中，他已经能够感觉到自己未来的职业方向了，那就是摄影师、编剧、导演。

小 A 不但具有霍兰德理论中所提及的艺术型特质，而且貌似天赋异禀。有了兴趣，又有天赋，职业还有什么可犯愁的呢。

社交型特质（S）

第四个霍兰德特质是社交型特质，即 S。具有 S 特质的人拥有以下特点：

· 主要驱动力：帮助他人。
· 喜欢和启发、教导、帮助他人相关的活动。
· 发展与人合作的能力。
· 更愿意选择教学、护理和咨询等工作。
· 倾向于乐于助人、友好。

我总结出的关键词有：教授他人（知识/技能）、培训他人、给他人传达消息、照顾人、与人打交道、善于沟通、帮助他人、善于与他人建立关系、团队合作、为别人提供咨询。

高医生是上海某著名医院的一名牙医。十多年前，我有颗牙要装牙冠，找到了高医生。当时，他的头衔是副主任医师。那次治疗让我记忆犹新。高医生不但技艺高超，而且善解人意，在治疗的过程中还和我聊起了家常，整个治疗过程让我如沐春风。十多年过去了，高医生给我装的那个牙冠，一点问题都没有。

前段时间，医院的官方网站上发布了一篇新闻，高医生完成了中国首台人工智能机器人赋能的种植牙手术，治疗时间减半，患者痛苦减半。年过半百，高医生仍在不断学习、提升自身的职业能力。

你在高医生身上看到什么霍兰德特质呢？首当其冲的是不是社交型特质？

当然，要成为一名成功的牙医，光有社交型特质是不够的。高医生还具备现实型特质，体现在他能够把手术完成得非常理想。同时还具有研究型特质，对同样的问题，他研究得更深入、更透彻。

需要强调的是，社交型特质和我们常说的"社牛"不是一个意思。社交型特质的人内心的驱动力是去帮助别人，并不是善于交际。话说回来，沟通能力、合作能力、演讲能力这些所谓"社牛"的人所具备的能力，其实是每个人都可以掌握的技能。我培训过的很多学员都具有明显的社交型特质，但其中很多人说自己其实是"社恐"的。

企业型特质（E）

第五个霍兰德特质是企业型特质，简称为 E。具有 E 特质的人拥有以下特点：

· 主要驱动力：说服、管理、领导。
· 喜欢领导或影响他人。
· 发展领导能力、说服力和其他重要的与人打交道的技能。
· 倾向于雄心勃勃、外向、精力充沛且自信。
· 更愿意选择与产品销售或人员管理相关的职业。

我总结出这些关键词：领导他人、管理他人、冒险、公众演讲、销售、比赛、竞争、辩论、做决定、鼓舞他人、说服他人。

看到这些关键词，我不由得想起一个发小——张教授。上面这些关键词几乎和他是完全符合的。上高中时他是班长，他经常和我说："我有事没事地就去讲台上和同学们讲话，这样能锻炼我的演讲能力。"事实上，在我们一群好朋友中，他也经常是领导者、组织者。后来他考上了东北师范大学的音乐系，现在已经是东北师范大学音乐学院的一名教授、硕士生导师。虽然他没有从事与销售或管理相关的工作外，但是他的企业型特质在他的职业发展中起到了尤为重要的作用。他的领导能力、说服能力、社交能力等典型的企业型特质，让他从音乐老师一步步走上了管理者的岗位。张教授现在除了日常的教学工作外，还负责学院的教务、实习管理等工作。当然，要成为一名音乐领域的教授，还必须拥有前面讲过的艺术型特质（A）和社交型特质（S）。社交型特质（S）乐于助人的特点，是每个老师都应该具备的，而艺术型特质（A）更是音乐从业人员不可或缺的。

传统型特质（C）

最后一个霍兰德特质是传统型特质，简称为 C。传统型特质的人有以下特点：

- 主要驱动力：管理和组织信息。
- 喜欢让信息或事物井然有序。
- 发展组织、文书和数学等方面的技能。
- 更愿意选择与记录、保存、数学、计算机操作相关的职业。
- 倾向于负责任、可靠、注重细节。

　　我总结出这些关键词：体系性（的事物／活动）、固定的工作任务、办公室工作、数据、细节性工作、负责任的工作、精细又准确的工作、有组织性的事务／活动、遵守程序做事。

　　上小学时，我经常在放学后去母亲所在的啤酒厂玩。我母亲的工作是会计，她和另外三位阿姨在一个不大的房间里工作。那时候没有电脑，她们的桌面上是各种表格和报告，上面用很小的字记录着我看不懂的数字。那时候，我就觉得母亲的工作很枯燥。

　　上了高中后，我的数学成绩中等偏上。对我来说，那些数字和规律只不过是需要通过不断刷题去掌握的知识。结果就是，难度一般和中上的题目我总能做对，但是最后一道大题永远做不对。孙同学是我当时的邻桌同学，他的数学就学得非常好。偶尔遇到一些难题，我花了半个小时仍毫无头绪，他会说："来，用高等数学，两分钟就解出来了。"孙同学后来考上了成都电子科技大学的计算机专业，毕业后一直从事计算机、互联网相关工作。十几年前他在阿里巴巴负责支付宝相关业务。他和我说，他们的团队花了两个月的时间就让某脍炙人口的产品上线了。

　　我在 ACT（American College Test）工作期间，公司有位负责财务工作的杨老师，所有和财务、会计、合规相关的事务都是由她来负责。每年年底，都有外部审计师来到公司和她一起工作，去核对十几箱的财务资料。她每天都开开心心的。我想，如果让我做她的工作，用不了多久我就会崩溃的。

　　信息技术和金融这两大领域都要求从业人员拥有非常强的传统型特质（C），即注重细节，喜欢和数字打交道，喜欢遵守规程。

　　上面提及的现实型（R）、研究型（I）、艺术型（A）、社交型

（S）、企业型（E）、传统型（C）这六个霍兰德特质，你觉得你排在前三位的特质是什么呢？

你的霍兰德特质代码是_____、_____、_____。

让我们回顾一下本章一开始做的"活动3.2：我钟情的岛屿"。在那个活动中，你选择去的前三个岛屿是什么呢？岛屿的名字和你自己排在前三位的霍兰德特质一样吗？

霍兰德代码代表了我们的兴趣特质。接下来，请家长和孩子共同完成下面这个活动。

**活动 3.3
兴趣关键词**

1	2	3
动手操作 实践性工作 户外工作 建筑工作 体育活动 操作设备 组装物体 修理东西 使用器械 脚踏实地	充满好奇心 不断学习（新知识） 观察、探究性活动 脑力活动 喜欢通过思考解决问题 批判性思维 逻辑分析 信息收集 阅读 抽象思维	塑造 设计 装饰 创造性活动 自我表达 文学 语言 没有约束的活动 音乐 保持创新
圈出的关键词个数：____个	圈出的关键词个数：____个	圈出的关键词个数：____个

4	教他人（知识 / 技能） 培训他人 给他人传达消息 照顾他人 与人打交道 善于沟通 帮助他人 善于与他人建立关系 团队合作 为他人提供咨询 圈出的关键词个数：___个	5	领导他人 管理他人 冒险 公众演讲 销售东西 比赛、竞争 辩论 做决定 鼓舞他人 说服他人 圈出的关键词个数：___个	6	有结构性（的事物 / 活动） 固定的工作任务 办公室工作 数据 细节性工作 协助他人 负责任的工作 精细又准确的工作 有组织性的事务 / 活动 遵守程序做事 圈出的关键词个数：___个

孩子选择最多的关键词是在第几组呢？

步骤二：家长和孩子一起讨论和分享：选择这些关键词的原因是什么？有哪些具体事例，过程中有何感受？利用工具 3.1 来记录。

工具 3.1　兴趣大盘点

姓名	所选关键词	原因	具体事例和感受

续表

姓名	所选关键词	原因	具体事例和感受

下面是一个简单的范例，供大家参考。

姓名	所选关键词	原因	具体事例和感受
爸爸	公众演讲	工作需要，而且我喜欢和别人交流我的想法。	前段时间去某个论坛上发言，现场有上百名观众，当时我感觉既兴奋又紧张，过后非常有成就感。会后很多观众主动和我交流。
孩子	为他人提供咨询	经常有同学问我问题。	有个同学数学不好，他经常向我求教。我非常愿意帮助他。

如果大家能够认真完成上面的活动，相信父母会对自己的孩子刮目相看。需要特别注意的是，父母也需要认真完成，并参与讨论和分享，这对孩子建立真实职业世界的初期认知十分重要。

请孩子再完成下面这个活动：

活动 3.4
我的梦想

用一句简短的话，写下你现在或过去曾有过的对未来的梦想，例如，我想当一名材料科学家，然后做以下这几件事：

1. 找到五个非常熟悉你的人（朋友、家人或者老师），让每个人写出五个关键词来描述你的特点。自我反思一下，看看这些关键词是不是符合自己。将你认为符合自己的关键词整理到一张表上。如果你认为有落下的关键词，也加在这张表上。

2. 上表中的这些关键词和你的梦想之间能建立什么关联吗？如果能，把每个关键词和梦想之间的原因找出来。例如，喜欢钻研和材料科学家之间的关联可以是：材料科学家是喜欢钻研材料的科学家。材料科学貌似是物理和化学结合的学科，自己平时十分钻研物理问题和化学问题。

反思 3.1

完成上面的活动后，用自己的话，写下对下面这两个方面的反思。

1. 通过别人对你描述的关键词，你对自己的了解是否更进一步了呢？具体是在哪些方面？

2. 你的梦想和你的关键词之间的关联是否紧密？如果紧密，你接下来准备采取哪些行动去实现你的梦想？如果不紧密，你有什么考虑？

通过这个活动，孩子也对自己进行了一次深刻的自我反思。这样的反思，对于孩子建立自我认知、职业认知都至关重要。如果能够以此为契机，让孩子形成自我反思的习惯，就更加难能可贵了。

价值观也是自我盘点的一个关键维度

价值观指人们在生命中看重的东西，也是指导人们行动的准则。在了解自己的兴趣特质和能力之后，我们可以参照价值观进一步筛选适合的职业。

生涯发展理论大师唐纳德·舒伯定义了十二个和工作相关的价值观，分别是声望、收入、成就、监督、独立、同事、工作场所、挑战、创造性、生活方式、安全（稳定性）、多样性。

在我的职业生涯中，曾有多次跳槽或换工作的经历。通常来说，随着个人的能力和阅历的增加，每次换工作应当有更高的工资，至少我周边的很多朋友都是这样的。不过对于我来说，每次换工作不但没有带来更高的工资，反而是工资变低了，乃至于很多亲戚和朋友都很纳闷。是换工作的时候我不看重收入吗？当然不是。收入也是我十分看重的价值观之一，只不过我最看重的是声望。当我在考量多份不同的录用通知的时候，我最看重的是哪个能给我提供更好的发展平台，以便我能够有更高的声望。有意思的是，每次面对这种选择的时候，能够提供更高声望的工作往往都是工资更低的。当然，经过一段时间的努力和投入，我的工资也会变得比之前更高。

在兴趣和能力满足的情况下，价值观是另外一个重要的参考维度。"活动 3.5"是一个关于工作价值观的非正式测评。

活动 3.5
工作价值观卡片分类

声望	我的工作内容和我展现出的责任感让别人都很尊重我，不论是在工作单位还是在社会上。	**收入**	工作收入比大多数人都高得多，使我能够拥有高品质的生活而不必担心财务问题。
成就	在工作中完成一些重要且可以展现出来的事情，在工作中取得成功。	**监督**	有一个尊重我、认可我的价值，易于交谈、关心我的老板。
独立	可以自己做出许多决定，而不必经常向主管报告。	**同事**	在工作中与乐于助人且值得信赖的人一起工作，同事关系融洽，视彼此为朋友。
工作场所	工作的环境干净、舒适且没有危险。	**挑战**	工作有挑战意味着我需要保持头脑敏锐，有机会继续学习并将我的工作任务扩展到新的领域。
创造性	有机会在工作方式上更加新颖且具有创造性，并且经常需要提出自己的新想法。	**生活方式**	工作内容和工作安排并不会影响我与家人或朋友一起进行休闲活动的时间。
安全（稳定性）	受雇于一家稳定且很少需要裁员的公司。	**多样性**	工作任务不是一成不变，允许我在工作中做很多不同的事情。

活动说明：

1. 把本书的这页复印下来，然后把上面的 12 张卡片剪出来。

2. 根据你对自己的理解（第一印象），将上面的卡片分为三类，分别是：

   高优先级：在工作中非常重要。

   中等优先级：有一定重要性但不是至关重要。

   低优先级：不那么重要或根本不重要。

3. 反思一下自己为什么这样分类，尤其是关注高优先级的价值观。

上面的这个活动是价值观的非正式测评。大家也可以通过参加"Super 工作价值观测评修正版"（Super's Work Values Inventory-revised）来获得更直观的测评报告。有意参加测评的读者请关注公众号"生涯规划师何戎"。

正如我们常说的"三观不合，不相为友"，在进行职业选择的时候，如果选择的工作是和自己的价值观不匹配的，那么等待的就只能是煎熬了。

小王是一所国际化学校在读的高三学生。临近毕业之际，她拿到了多所海外名校的录取通知，包括英国伦敦大学学院的教育学专业、新加坡南洋理工大学的商科专业、美国加州大学圣巴巴拉分校的心理学专业、美国波士顿大学的社会学专业等。

到底选择什么大学、什么专业是摆在小王面前的一次重大人生选择。在朋友的介绍下，小王和她的母亲一起来找我咨询。上文中提到的"Kuder职业兴趣测评"显示，她的霍兰德代码是企业型（E）、社交型（S）、传统型（C）。她从小就参与各种社团活动的组织工作，当过班长，还参加过商科比赛，这是明显的E特质；她还特别乐于助人，参加过许多志愿者的活动，这是S特质的体现；她还喜欢数学、编程，这是C特质的体现。

从她拿到的录取通知来看，心理学、社会学、教育学对个人核心特质的要求是社交型（S），而商科对人核心特征的要求是企业型（E）和传统型（C）。貌似被录取的这些专业都是非常匹配的。这个时候，价值观测评的结果给了她更加明确的答案。

在小王的价值观测评结果中，排在前两位的是成就感和收入。在咨询过程中，她多次提到希望自己做的事情能够短时间内看到效果，这样做起来才有成就感。她也特别在意自己的收入是不是能够在同辈中脱颖而出，让自己过上高品质的生活。

从价值观的角度来看，教育学、社会学、心理学这三个专业与其价值观的匹配度不是很大。在这三个方面要取得一定成就，通常都不是短时间之内就能够实现的，而且以后就业的收入通常不会很高。

小王最后选择了新加坡南洋理工大学的商科专业。她畅想了以后的场景：上了大学之后，在以优异的成绩完成课业的情况下，她要积极参加大学社团组织，主动结识和积累校友人脉资源，争取通过不同类型的商业公司实习去积累实践经验；她争取在大三、大四的时候就拿到全球知名商业咨询公司（例如麦肯锡）的转正offer（录取）；大学毕业后，她需要为不同类型的公司提供商业解决方案，可能每半年、一年就要完成一个不同的项目。在这个过程中，她需要和内部、外部的团队密切合作，需要经常出差、加班……在畅想这样的愿景时，她眼中闪烁着光芒，十分兴奋和期待。

借助生涯测评工具进行全面的自我盘点

在生涯规划这个领域，测评起到非常重要的作用。测评这个词的英文是 Assessment。我曾经和美国宾州州立大学教育心理学专业终身教授孙开键（Hoi K.Suen）就"Assessment"的中文翻译进行过沟通。作为心理测评领域的资深专家，孙教授表示"Assessment"翻译成"测评"是不准确的，因为这里的"Assessment"没有"测"和"考"的意思，其作用主要是"评"，所以"Assessment"翻译成"评估"更加准确。遗憾的是，测评这个说法在生涯规划领域貌似已经根深蒂固。为了方便大家理解，本书也将"Assessment"翻译成"测评"。不过请注意，无论是测评也好，评估也罢，其目的就是对个人的特质进行评估。

真正有意义的测评，一定要基于科学且久经验证的理论。理论是否具备科学性、是否久经验证，要看其理论本身是否在权威期刊发布，且经过大量的研究文献证明。反之，测评本身就无据可依，自然也就没有任何意义。

大家不妨想一下，如果我根据自己的经验，在并未经充分论证的情况下，设想了一个生涯规划的理论。我设想的这个理论只是在我自己的公众号和网站上发表，并未被权威期刊收录，也没有经过同行审议，更没有别的研究人员来验证我的理论，我根据这个理论写了个测评，告诉你可以用于评估你的特质，给出你的规划方向。你敢用吗？我相信你肯定不敢用，因为这样的测评起到的作用可能不是正确的引导，而是切切实实的误导。

在评估职业兴趣领域，霍兰德理论无疑是最久经验证的理论之一。"霍兰德的 RIASEC 架构是各种职业兴趣测评工具中最广泛使用的模型。现在绝大多数职业兴趣测评都使用了霍兰德量表。"美国伊利诺伊州立大学教授玛格丽特·诺塔在其发表在《咨询心理学》期刊上的一篇论文上如是说。

约翰·霍兰德在 2008 年获得了美国心理学协会（APA）颁发的"APA 心理学应用杰出科学奖"（APA Distinguished Scientific Award for the Applications of Psychology），以表彰他在心理学应用领域做出的杰出贡献。

有了好的理论，是不是就一定有好的测评呢？答案其实是不一定的。

专门研发测评的专家被称为心理测评学家（Psychometrician）。我是一名经验丰富的生涯咨询师、规划师，但我并不是一名专业的心理测评学家，我缺少心理测评领域的专业知识和经验。那么，如果我根据霍兰德理论写出了一个兴趣测评，会是准确的吗？可能大概率不是很准确。这又牵扯出了另外一个问题，就是测评又分为正式测评和非正式测评。

让我们回想一下"活动 3.2"，你在那个活动中得到的前三个霍兰德代码是什么呢？也许是 SEA、ESC、RIA 等等。你觉得那个结果和你本人的特质匹配吗，换而言之，结果准确吗？我相信有人会说"嗯，挺准的"，也有人会说"不准"。其实，"活动 3.2"就是一个非正式测评，它是对自己的一个评估。这个非正式测评是依据霍兰德理论来设计的。不过，因为这个测评并不是由心理测评学家所设计，也并未经过"常模化"（一种心理测评领域的研究指标）处理，这个测评本身是不具备可靠性（信度）和有效性（效度）的，可以简单地理解为不准确，或者不是一直准确。

尽管可能是不准确的，但是"活动 3.2"这样的非正式测评在生涯规划领域仍然有积极的意义，因为它能够让我们开始认真思考自己的真正职业特质，也可能通过这个过程了解到自己之前的认知盲区。

当然，除了活动和选择类题目之外，非正式测评还有很多其他方式。例如，生涯咨询师或规划师在与来访者的咨询过程中，通常都要挖掘来访者人生中的闪光点或成长当中的故事，并加以解读，这样的咨询本身就是一种非正式测评（评估），是咨询师对来访者的评估，而这个过程也是来访者评估自己，并加深对自己认知的过程。

与非正式测评相比，正式测评则是经过科学验证的，其作者需要在心理（或者生涯）测评领域拥有足够的专业背景，而测评本身则需要具备可靠性（信度）和有效性（效度），测评结果经得起科学研究的检验。

Kuder 测评、SDS 测评、O*Net Interest Profiler 等都属于正式测评。在 2018 年，我将 Kuder 测评正式引入中国，该测评最早由弗莱德里克·库德（Frederic Kuder）博士在 1938 年推出，是全世界最早的职业兴趣测评之一。Kuder 测评从职业兴趣、技能（能力）自信度、工作价值观三个维度，全面评估个人特质，准确给出适合的职业和专业方向。与社会上的一些免费测评相比，Kuder 测评无疑更加准确，并且能够根据大数据和算法给出具体的职业方向建议。有意参加该测评的读者请关注公众号"生涯规划师何戎"。

关于生涯规划领域的测评，有以下几点需要特别注意：

1. 测评只是一个工具，是了解自己的过程。
2. 需要调研你所做的测评是否有久经验证的理论依据。
3. 需要区分你所做的测评是正式测评还是非正式测评。
4. 在做测评前，要充分了解测评的作用，以真实状态，凭第一感觉作答。
5. 要避免过度依靠测评。人生的路是自己走的，测评是帮你做出职业选择的工具和辅助。
6. 最好有专业的生涯咨询师帮你进行测评结果的解读。

通过关于兴趣、能力、价值观的正式测评和非正式测评，以及同时进行的自我反思，每个人的生涯自画像就可以清晰起来了，接下来就可以正式进入生涯规划的下一步，即定位职业方向。

第四章

科学探索青少年的
职业方向

在选择自己的职业方向时，我也曾迷茫、无助，完全没有任何方向感，就同大多数人一样。职业有上千种，我们穷尽一生也无法了解所有职业，但我们可以做到清晰了解自己，以职业地图为指引，找到适合的职业方向，从而让自己的人生少走没必要的弯路。

让我们把时间拉回到 20 世纪初，落脚点是美国，我们从三个角度来观察。

第一个角度是经济发展的角度。那个时候，第二次工业革命正在如火如荼地进行，当时的经济非常活跃，这意味着工作机会非常多。

第二个角度是移民的角度。当时，大量的欧洲人从传统意义上的"旧世界"移民至美国这个"新世界"，寻找新的发展机会。

第三个角度是职业的角度。大量移民来到美国后，发现这个新世界和旧世界有很大的区别，各种新型职业层出不穷。对于这些移民，尤其是来自普通家庭的移民来说，如何找到适合的职业，在这个新世界站稳脚跟，成为摆在他们面前的一道难题。

正是在这样的历史背景下，当时美国著名的社会改革家弗兰克·帕森斯（Frank Parsons）于 1908 年在美国马萨诸塞州的波士顿成立了"波士顿职业指导局"（Vocational Bureau of Boston），旨在帮助移民和非权贵阶层的劳动人民做出更好的职业选择，为自己、家人和社区创造更美好的未来。这是世界上首个现代职业指导机构，直接促进了"职业指导运动"在全世界的发展和流行。因其为职业指导领域发展所做出的开创性贡献，人们称帕森斯为"职业指导之父"。他提出的职业选择理论被后人称之为"特质因素理论"。

帕森斯指出，要明智地选择一个职业，人们需要认真考虑以下三方面的要素：

○清晰地了解自己（天赋、技能、兴趣、抱负、资源、限制条件等）；

○了解职业的要求、成功的条件、优劣势、薪酬、机遇、前景等；

○找到前两点联系起来的真正原因。

第一点可以称为自身特质，第二点可以称为外在因素，第三点即找到自身特质和外在因素之间的关联。这三点看起来很容易理解，但是做起来却不容易。

不过，如果大家已经按照第三章的内容画出了自己的生涯自画像，接下来的事情就相对容易些了。

根据自己的特质定位职业方向

俗话说："三百六十行，行行出状元。"通过前三章的阅读，相信大家已经清楚，并不见得每个人都适合去做三百六十行。现代的职业也早就不是俗话中提到的三百六十行了。

美国在20世纪末提出了"美国职业集群框架"，把社会上的1000多种职业分为6大职业领域、16个职业集群、79个职业通道。

《中华人民共和国职业分类大典》（2022版）则把我国的1600多种职业分成了8大类、79中类、460小类。

在第三章，我们了解了霍兰德定义的六种个人特质，即现实型（R）、研究型（I）、艺术型（A）、社交型（S）、企业型（E）、传统型（C）。每个人都是这六种特质的综合体。

现在的问题是，这六种个人特质和职业到底有什么关联呢？根据霍兰德理论，环境也可以描述为六种类型的组合：现实型（R）、研究型（I）、艺术型（A）、社交型（S）、企业型（E）、传统型（C）。简而言之，职业环境也是由这六种类型组合起来的。比如，牙医的环境就是现实型（R）、研究型（I）、社交型（S）的环境。

职业种类如此之多，乃全于人们穷尽一生也不可能做到对所有职业都全面了解。人们要做的是充分了解自己的特质（兴趣、能力、价值观），然后去探索可能更适合的方向。为了方便人们根据自己的特点去探索可能的职业，研究人员已经把"美国职业集群框架"和霍兰德理论建立起了关联，这种关联让我们可以根据自己的霍兰德代码去寻找对应的职业方向。霍兰德代码和职业集群、职业通道的关系如表 4.1 所示。

表 4.1　霍兰德代码和职业集群、职业通道的关系

霍兰德代码	职业集群	职业通道
现实型（R）	农业、食品和自然资源	动物系统
		环境服务系统
		食品和加工系统
		自然资源系统
		植物系统
		电力、结构和技术系统
		农业综合企业系统
	建筑与施工	施工
		设计 / 施工前期准备
		维护 / 运营
	运输、配送、物流	设施和移动设备
		物流规划和管理服务

续表

霍兰德代码	职业集群	职业通道
现实型（R）	制造	健康、安全、环境保证
		维护、安装、修理
		制造生产过程开发
		生产
		物流和库存控制
		质量保证
研究型（I）	健康科学	生物技术研究和开发
		诊断服务
		健康信息
		支持服务
		治疗服务
	科学、技术、工程、数学	工程和技术
		科学和数学
艺术型（A）	艺术、音视频技术、传播	音视频技术和拍摄
		新闻广播
		表演艺术
		印刷技术
		电信
		视觉艺术
社交型（S）	教育和培训	行政管理和行政支持
		教学／培训
		专业支持服务

续表

霍兰德代码	职业集群	职业通道
社交型（S）	酒店和旅游	住宿
		娱乐活动、游乐园、景点
		旅游
		餐厅和食品／饮料服务
	公众服务	客户服务
		咨询和心理健康服务
		早期儿童发展和服务
		家庭和社区服务
		个人护理服务
	法律、公共安全、惩戒、安全	矫正服务
		应急和消防管理服务
		执法服务
		法律服务
		安全和防护服务
企业型（E）	工商管理	行政支持
		商业信息系统
		人力资源管理
		综合管理
		运营管理
	市场营销	商品营销
		市场传播
		市场管理
		市场研究
		专业销售

续表

霍兰德代码	职业集群	职业通道
传统型（C）	金融	银行服务
		商业金融
		证券和投资
		保险
		会计
	政府和公共管理	外交服务
		国家治理
		国家安全
		规划
		监管
		公共管理
	信息技术	信息支持和服务
		网络和数字通信
		网络系统
		编程和软件开发

通过上表可以看出，以主要霍兰德代码为依据，可以明确地找出适合的"职业集群"（可理解为大的职业方向）。在每个职业集群之下，又有一些细分的方向，被称为"职业通道"。每个职业通道又由多个具有共性的具体职业组成。

需要特别注意的是，每个人都是不同特质的组合体，这也就意味着在考虑职业发展方向的时候，不能只是单单考虑一个代码。在考虑具体职业的时候，我们通常也要考虑前三个霍兰德代码。例如，教育管理者的霍兰德代码是：社交型（S）、企业型（E）、传统型（C）。而教育管理者这个职业的核心特质是社交型（S），关于社交型特质的描述可以参照第三章的内容。

张老师是我高中时期的班主任老师。他大学毕业后就加入了我当时就读的高中，我们是他带的第一届学生。张老师无疑是一名出色的教师，他的出色不但体现在教学能力上，更体现在他对所有学生的关注上。无论是所谓的"好学生"还是"差学生"，他都尽心尽力地帮助，真可谓是呕心沥血。小三十年过去了，张老师现在是学校的教学副校长了。每次高中同学聚会，同学们都会隆重地邀请张老师参加。他仍然能够叫出每个人的名字，仿佛这些当年的学生就是他生命的延续。几年前，我一个高中同学的孩子也考上了那所高中。在张老师的关爱和鼓励下，那个孩子通过努力，从一个所谓的"学渣"，成了一名真正的"学霸"，从那个小县城考上了复旦大学医学院。

我相信，张老师这种乐于助人的社交型特质，一定是他核心的职业特质。而他从事的教育和培训行业（参照表4.1），和他的特质也是极为匹配的。

除了社交型（S）特质，张老师身上还具备企业型（E）和传统型（C）特质。企业型（E）特质让他敢于面对更大的挑战，通过不断地努力，逐渐从学科老师晋升为教学副校长。而传统型（C）特质则体现在教学和管理方面他的事无巨细、亲力亲为上。

从张老师的身上，可以找到利用霍兰德理论帮助自己选择职业方向的方法。张老师的核心特质是社交型（S），对照表4.1，可以得出以下四个职业集群是适合的：

- 教育和培训
- 酒店和旅游
- 公众服务
- 法律、公共安全、惩戒、安全

　　张老师是师范学院的毕业生，教育和培训这个集群是非常符合的选择。可以把职业集群理解成一个大的职业方向。每个大方向上还有很多细分的职业，而每个细分职业要看的就不是某一个霍兰德代码了，而是自己前两三个霍兰德代码的组合。

　　教育和培训这个集群有几十种职业，张老师选择从中学老师做起（中学老师的核心特质是社交型）。通过个人的努力，他成为一名教育管理者（副校长），这个职业的霍兰德代码是社交型（S）、企业型（E）、传统型（C），这恰恰是张老师的前三个霍兰德代码。

　　简单总结一下，我们可以通过自己的核心霍兰德代码找出最匹配的职业集群，并在这个大的方向上去寻找和自己的综合特质（前两三个霍兰德代码）相匹配的职业。

　　我的霍兰德代码也是社交型（S）、企业型（E）、传统型（C）。我和张老师的霍兰德代码是类似的。张老师一辈子安心在那个小县城教书，带领一届又一届的学生从高中毕业走向大学和社会。而我则在职业探索之后，成为一名生涯咨询师、规划师、培训师，帮助世界各地的学生和职场人士找到自己的目标和方向。

　　我和张老师从事的职业并不一样，这是因为人们的成长环境、社会状况、教育经历都不一样。我们每个人都要根据自己的真实情况，综合评估之后，做出属于自己的人生决定。

　　下面，请利用"活动4.1"来尝试找到适合你的职业方向。

活动 4.1
我的职业目的地

我的姓名	
日期	
我的霍兰德代码 （参照第三章"活动 3.2"、Kuder 职业兴趣测评、Kuder 技能自信度测评）	
我的工作价值观 （参照第三章"活动 3.5"、Super 工作价值观测评）	
测评结果建议的职业方向（职业集群、职业通道） （参照第四章"表 4.1"、Kuder 测评报告书中建议）	
我自己之前曾考虑过且仍然感兴趣的职业	
我父母认为适合我的职业	
在目前这些职业中，和我的工作价值观不匹配的职业	
最终确认的职业清单 （尽可能多地列出）	

　　通过上面列出的这些职业清单，貌似适合的职业方向就已经呼之欲出了。当然光有个方向，并不能确保成功。接下来的几个小节，我将和大家分享一些生涯规划过程中的关键要素。

🎯 定位职业方向时要考量的几个关键要素

学科环境

　　"人们会被具有相同或相似类型的环境所吸引。"这也是霍兰德理论的一项要旨。

　　关于这一点，我深有体会。在从事教育相关的工作之前，我学的是材料工程专业，毕业后从事过翻译、会议组织、留学咨询、合作办学、国际课程、国际考试、生涯咨询等工作。从材料工程到翻译、会议组织，我感觉每一次调整，都是朝着更适合我的环境进发的。换言之，旧的环境（职业）和我的个人特质格格不入，从某种程度来说，我甚至厌恶那样的职业。在不断调整、不断尝试的情况下，我被更适合的环境（职业）所吸引。在职场早期我也经历了茫然、无助甚至厌恶的感觉，不过当我接触与教育相关的职业之后，就再也没有茫然、无助的感觉了，反倒是不断在挑战自己，实现更大的人生价值。而这正是因为我的特质和教育类职业环境相匹配所带来的吸引效应。

　　对于学生来说，职业貌似还比较遥远，不过不同的学科和专业也是"环境"，而学科的环境同样也是有霍兰德代码的。

我曾辅导的学生小马并非传统意义上的"优等生"。尽管学习成绩非常一般，但他对生物展现出了浓厚的兴趣。生物学对应的霍兰德代码是研究型（I）、现实型（R）。小马的前两个霍兰德代码也恰恰是 I、R。他在初中的时候，就对生物课特别感兴趣。别人看到解剖青蛙会害怕，他却非常感兴趣。"在解剖过程中，青蛙的组织和结构让我十分着迷。"小马如是说。

小马的梦想是考上伦敦大学学院的生物医学专业，成为生物医疗领域的专家。为了实现这个目标，他正在努力地学习国际高中课程。

"将自己置身于具有相同或相似特质的环境中，可以显著提高个人在该环境中的满意度、坚持度和贡献"，这是霍兰德理论的又一要旨。

找到自己的霍兰德代码，也就可以找到更可能感兴趣的职业方向。在感兴趣的领域投入时间和精力，则可能找到自己人生的热爱。在自己热爱的领域持之以恒，则可能会做出杰出贡献。这仰仗的并不是家庭出身，而是能否在充分了解自己的特质后，找出真正感兴趣的方向，并投入时间和精力。

苹果公司的创始人斯蒂夫·乔布斯，2005 年受邀在斯坦福大学毕业典礼上致辞，他说：

有时候，生活会像一块砖头砸在你头上……不要失去信心……我深信唯一让我坚持下去的是我热爱自己所做的事情。你必须找到热爱的东西。这对你的工作和爱人都同样适用。你的工作将占据生活的大部分时间，唯一能真正让你满意的方式就是做你认为伟大的工作。而要做伟大的工作，唯一的途径就是热爱你所做的事情。如果你还没找到，请继续寻找，不要妥协。就像在所有涉及感情的事情中一样，当你找到它时，你会知道的。

长板效应

1889 年，美国著名的幽默作家埃德加·奈（Edgar Nye）在描述美国中西部的普拉特河时写道："（这条河）流域广阔，但影响力甚微。它覆盖了大片地区，但并不深。在某些地方，它宽达一英里（约两公里），深度却只有四分之三英寸（约两厘米）。"之后，"一英里宽，一英寸深"（A mile wide and an inch deep）这句谚语便被广为流传。它多用于描述对知识的理解只停留在表面的人。貌似什么都懂，但是深究起来，却是对什么都一知半解。

20 世纪 80 年代，世界著名管理咨询公司麦肯锡在一些文献中开始提及"T 型人才"的概念，T 中的"竖"是指人们在某特定领域所具备的知识和技能的深度，而 T 中的"横"是指人们所具备的知识广度。T 型人才的概念在 IT、科学、管理学、教育学等很多领域都有广泛应用。

把"一英里宽，一英寸深"和"T 型人才"这两个概念结合起来，就很容易理解为什么人们既要全面发展自己的兴趣，又要在特定的领域深度挖掘，建立自己的核心优势。

在生涯规划领域，T 型人才的概念被称为"长板效应"。在当下社会，每个人所能取得的职业高度，更多取决于深度挖掘自己的优势，而不是花大量的时间和精力去补充自己的短板。

全面发展固然重要，但是每个人的时间和精力都十分有限。这就要求我们在广泛地探索多学科后，找出自己感兴趣的领域，深度钻研，使自己成为真正的 T 型人才。

美国乔治城大学教授卡尔文·纽波特（Calvin Newport）在《深度工作》（*Deep Work*）一书中提到，在面对不确定的未来，有三类人能够脱颖而出，分别是高技能工人、各领域的超级明星和资本拥有者。

资本拥有者是可遇不可求的,这里我们不展开来讲。高技能工人、各领域超级明星则切实地体现了 T 型人才的重要性。人们需要在自己感兴趣的特定领域(不是所有领域)深入钻研,才能够在激烈的竞争中脱颖而出。这恰恰道出了生涯规划中"长板效应"的本质所在。

多元潜能

一些家长经常提及"别人家的孩子"。别人家孩子成绩好、爱学习,别人家孩子能歌善舞,别人家孩子是学生会主席,别人家孩子拿了某某竞赛的金奖,别人家的孩子是全能的……诸如此类的言辞,大家耳熟能详。那么这样的学生,是真实存在的吗?答案是肯定的,也许比例不是很高,但绝对数量上也是不少的。有很多兴趣广泛、综合素养强的学生,学科优异,课外活动丰富,积极参加各种竞赛、志愿者活动、科研活动。对于这样的学生,我们可以称之为"多元潜能者"。

与可能在某个特定领域表现出色的专家不同,多元潜能者的特点是在多个领域拥有广泛的技能和热情。他们热衷于学习、探索和掌握新技能,并且常常在一生中对多个学科或职业产生兴趣。

如果从霍兰德代码的角度来看,多元潜能者的六种特质(R、I、A、S、E、C)可能都非常显著。在学术领域,我们把多元潜能者的霍兰德代码称之为"高、平",其实就是六个霍兰德特质都十分显著的意思。

对于"高、平"的多元潜能者来说,霍兰德代码并不能带来职业方向上的指引（因为貌似任何职业都可以做），更多的是加深自我了解的手段之一。他（她）们天然就对任何事情都有好奇心和兴趣，具体选择什么职业依靠的不是霍兰德代码，更多的是自己的热情所在。

若你是多元潜能者，我想和你们说两点：

第一，把你们的时间和精力投到可以让这个世界变得更好的方向上去，因为你们的热情会引领改变。你们的生涯规划，不应该成为简单地"找到一份稳定且收入可观的工作"，工作不应该只是你们谋生的手段。

第二，选定方向之后，要坚持，百折不挠，不轻言放弃。行百里者半九十。想要在这个世界上取得巨大的成就，绝对不是轻而易举就能实现的，即便你是聪明绝顶的人。

施一公院士，是我非常敬仰的科学家、教育家。我深信他是一个多元潜能者。在新东方创始人俞敏洪的访谈中，当谈及如何选专业时，施一公说：

是凭兴趣。有兴趣是最好的，但现在很多年轻人每天都处在考试、刷题的状态中，兴趣很难培养。那还有什么方法去做判断？我觉得可以去了解下社会的需要、历史发展的需要，即面向世界将来的发展，从事哪一行的研究可能会更好地改变世界。比如我在高中虽然得了数学竞赛、物理竞赛的奖，但我对数学、物理并没有那么大的兴趣。后来一位清华的招生老师告诉我，21世纪是生物化学的世纪，当时我突然开窍了，生物和化学结合是生物化学，生物和物理结合是生物物理，生物和数学结合就是生物数学，还有生物计算机、生物工程……真的可以延伸出几十个不同的方向，于是我选择了清华生物系。所以，社会发展的巨大需求才是我当时选择专业方向的主要考虑，现在来看也并不见得错。

施一公把自己的热情投到和社会发展需求相关的生物领域。这个选择也直接奠定了他之后的人生走向。显而易见的是，光是选择生物学肯定不足以让他能够成就今天的地位。对于迷茫的大学生，施一公给出了如下的建议：

我一直坚持一点，每个人都可以成才，但你在哪方面成才，怎么成才，你自己是必须要有坚持的。在这个过程中，你也确实需要一些机会，需要有人赏识你，但如果你没有坚持，哪有后面的那些机会呢？所以，只要是我的学生，无论是本科生还是硕士生，大家都要做到自己的极致，要尽全力去努力，因为你努力了，才可能会有机会创造。很多成功人士，无论是商界的、学界的，都会对外轻描淡写地说自己的成功靠运气，其实不太对，因为他们一定付出了巨大的努力。所以我觉得每个人都要努力，不要给自己找不努力的理由。

对于多元潜能者来说，有了适合的方向，再加上坚持不懈地努力，还有什么做不到呢？

也许有人会说，多元潜能者都是别人家的孩子。但我会争辩说，出生时，我们每个人都是"高、平"的多元潜能者。我们可以从六个霍兰德代码的角度来看看每个人小时候是什么样的。

现实型（R）：我们喜欢用双手去探索周围的世界，喜欢室外的各种活动，喜欢搭积木。我小时候甚至喜欢劈柴和放牛。

研究型（I）：我们充满好奇，愿意用各种各样创新的方式去理解这个世界，经常问"为什么"。

艺术型（A）：我们充满创造力，也许画的画、讲的故事毫无逻辑，跳的舞蹈也毫无节奏，但我们的想象力没有边界。

社交型（S）：我们是天生的社交者。把几个娃娃放到一起，他们自然会玩到一起，即便话都说不明白。

企业型（E）：在玩耍的时候，我们会主动表达自己的想法，希望小伙伴们都听自己的话。

传统型（C）：即便我们不清楚这个世界运转的规律，但在玩耍的时候（例如过家家、丢手绢、藏猫猫），我们也会制定和遵从一些既定的规则。

瞧，当我们还是孩童的时候，貌似我们都是"高、平"的多元潜能者。而等我们走入职场后，为什么真正的多元潜能者没有那么多，大多数人对任何事情都没有真正的兴趣呢？

从小时候神采奕奕、双眼有光的多元潜能者到多年后双目无神的摆烂者，这中间到底经历了什么？

全球知名教育家肯·罗宾逊爵士（Sir Ken Robinson）在2006年发表了一次题为《学校会抹杀创造力吗？》（*Does School Kill Creativity*）的TED演讲。那是在全球极具影响力的一次演讲，观看人次累计已超过7000万。罗宾逊用英国人独有的幽默而又令人振聋发聩的方式，道明了为什么每个孩子天生都拥有极佳的创造力，而僵化的教育体系又是如何将孩子的创造力一点点抹杀殆尽的。在他的《让天赋自由》（*The Element*）一书中，罗宾逊以著名舞蹈家吉莉安·琳恩（Gillian Lynne）的成长故事为例，引发人们对教育本质的深刻反思——教育者和家长应如何守护孩子的创造力。

吉莉安·琳恩凭借在百老汇著名音乐剧《猫》《歌剧魅影》中的表演享誉全球，但童年时却被学校老师判定为麻烦制造者、学习困难者，甚至让家长带她去看心理医生。庆幸的是，她遇到了一位非常专业、尽责的心理医生。心理医生让吉莉安独处一室，并与母亲在窗外观察她的举动。

当声音机的音乐响起，吉莉安站了起来，随着旋律翩然起舞。这一刻，两个成年人目睹了女孩举手投足间迸发的生命力与艺术天赋。

"你也看到了，琳恩夫人，吉莉安没有病，她是一个舞蹈家，送她去舞蹈学校吧。"心理学家对吉莉安的母亲说。

后来吉莉安通过自己的努力，考上了伦敦芭蕾舞学院，而后又加入皇家芭蕾舞团，成为独舞表演家，在全世界巡演。她在 87 岁的时候，获得大英帝国女爵司令勋章（DBE）。在 2018 年，她曾演出过的新伦敦剧院被重新命名为"吉莉安·琳恩剧院"。

吉莉安是幸运的。想象一下，如果吉莉安没有碰到那位尽责的心理医生，如果她母亲也没有支持她去学习舞蹈，如果她还在原来那个学校的评价体系内，那么她的创造力极可能会被扼杀，她很可能会成为一个"低、平"的人，也就不是现在大家熟知的吉莉安了。

如果你的身份是老师或家长，我想对你说："当你的孩子或学生对某些方面展现出兴趣的时候，你唯一能做就是支持和鼓励，不要急于用分数和攀比去界定他（她）行或不行。他（她）们早期的兴趣可能会转变成职业特质和职业兴趣。"在感兴趣的领域长时间投入，是很有可能转变成热爱的，而热爱，是多么难能可贵的事情啊。

下面是一个小活动，用于评估自己（或你的孩子）可能热爱的事情。

 活动 4.2

你（或你的孩子）有没有全神贯注地投入做一件事情，以至于忘却时间的流逝？请回想一下，在下面记录当时的细节。

那件事情让你难忘的原因是什么？

那件事情体现了你身上的哪些关键词？

那件事情可能体现的霍兰德代码是什么？

与那件事情相关的专业和职业可能是什么？发展前景如何？

要不要把这些职业也加到待探索的职业清单？

第五章

青少年职业探索方式
和生涯决策

我们已经找到了孩子的核心兴趣特质和可能的职业方向，接下来要做的，就是要切切实实地引导孩子开始职业探索，让那些职业不仅仅是文字，而是和孩子的生命产生交集的事情。

　　常有家长和我说，何老师，孩子以后就交给你了。即便经验丰富，我又有何德何能替别人的人生做重大决定呢！专业、大学、职业等选择都是重大的生涯决定。生涯规划师的价值并不是替学生做决定，而是赋能学生成为计划型决策者，自主地做出重大决定。

给青少年提供的职业探索方式

我们已经找到了孩子的核心兴趣特质和可能的职业方向，接下来要做的，就是要切切实实地引导孩子开始职业探索，让那些职业不仅仅是文字，而是和孩子的生命产生交集的事情。探索方式有很多种，找到相关从业人士进行访谈就是一种简单、直接的方式。大家可以利用"活动 5.1"立刻开始行动。

活动 5.1： 52 杯咖啡计划	
访谈日期	
被采访人姓名	
被采访人职业	
访谈问题清单 （根据实际情况，酌情选择和提问）	
第一部分：关于职业的基础信息	
1. 作为（职业名称），你的主要工作内容和职责是什么？你觉得工作中比较有趣的部分是什么？ 2. 从事这个职业，需要怎样的教育背景？你学的专业，跟你现在的工作相关度高吗？ 3. 从事这个职业，需要掌握哪些实用技能？ 4. 你所在的行业有哪些有名的公司？优秀代表人物有哪些？（举个例子） 5. 这个职业通常的职业发展路径是什么？不同职业阶段平均薪资如何？	

（续表）

第二部分：关于职业与个人特质	
6. 你是怎么对这个职业产生兴趣的？是什么激励你进入这个职业的？ 7. 你认为什么样的人适合做这份职业？ 8. 你选择这份职业主要是看重哪方面？ 9. 大众对你的职业有什么误解或刻板印象吗？	
第三部分：关于职业发展建议	
10. 有什么跟本职业相关的书籍、期刊、杂志或专业协会可以推荐吗？ 11. 中学生如果对这个职业感兴趣，现在这个阶段应该提前做些什么准备？ 12. 作为前辈，你有哪些建议可以给到对这个职业感兴趣的中学生？	
第四部分：关于未来视野	
13. 这个职业的发展前景怎么样？以后工作机会是会增多还是会减少？ 14. 你认为这个职业领域在中国的发展趋势如何？ 15. 有哪些因素会影响这个职业的未来发展趋势？ 16. 科技发展（如智能技术、人工智能、机器人、算法等）对这个职业有什么影响？ 17. 国家政策对你所在职业的未来发展有什么影响？	

这个活动的名字"52 杯咖啡计划"源自我的好朋友张华。他是"少年商学院"的创始人和首席执行官。"52 杯咖啡计划"的目的是在一年内，每周带孩子找一个不同的职场人士喝咖啡聊天。通过访谈的形式，让孩子了解各行各业的从业人士和职场真实状况。当然，不一定是喝咖啡这种形式，喝茶、吃饭、到工作单位访谈等形式均可。

　　有些家长可能会说，可是我身边没有这样的资源。其实，从联系自己的高中同学、大学同学开始，你会发现每个人都是各种资源的综合体。他（她）们就在那里，只是你没看见而已。

　　除了职业访谈之外，还有很多种其他的职业探索方式，大家可以根据自己的实际情况采用：

○**查询相关信息**：利用相关网站、书籍去了解确认清单上的所有职业，尽可能全面地了解这些职业的工作任务、工作条件、发展前景、工资、相关技能／能力、专业、相关行业组织等信息。通过这一过程，学生至少可以对这些职业有更深入的了解，并通过反思，看看自己是否有兴趣。通过这一步骤，至少还可以把未来前景不好的职业从清单中去掉。

○**影子实习／虚拟实习／实地实习**：通过信息查询和信息访谈，你的清单上可能只剩下几个自己感兴趣的职业了。对于剩下的这些职业，你需要更深度地探索。影子实习、虚拟实习、实地实习就是更直观体验职业的方式。影子实习指的是用较长的时间（比如半天、一天、两天），如影随形地观察一个职业人士是如何工作的。过程中如有问题，在不打扰对方工作的情况下，随时向对方提问。国内有些国际学校会动员家长的资源，给学生们提供影子实习的机会。其实，家长们完全可以动员万能的朋友圈，帮自己的孩子定制免费的影子实习机会。至于虚拟实习，指的是职业人士通过在线指导的方式，让学生参与一系列其正在实施或已经实施过的工作任务。通过这一过程，学生成了虚拟的工作者，能够深刻了解要做好一份职业，到底需要具备什么样的知识和技能，更能验证一下自己对这份职业是否有充足的兴趣和信心。实地实习指的是公司提供的正式或非正式的实习机会。通常来说，一些著名的企业（无论是国内还是国外）都有实习生计划。大学生可以直接向企业申请，或通过中间人介绍。录用后，就会有实习工资，实习期表现好的话，还可能有转正的机会。社会上鲜有企业直接提供给中学生的正式实习项目。中国劳动法规定的最低用工年龄为16周岁，这意味着企业不可能招募16周岁以下的学生成为正式的实习生。不过，社会上也有一些机构提供收费的实习生项目，对于此类项目，需要大家仔细甄别，我在这里不做过多推荐。

○ **相关社会实践和竞赛：**社会上已经有不少机构在寒暑假提供一些社会实践项目，涵盖了各行各业，如动画设计、影视制作、自然保护、商业投资、慈善等。一般来说，这样的实践项目所涉及的内容都是中学正常课程之外的。对于感兴趣的学生来说，一到两周的实践可以更加深度地验证自己的兴趣，同时也是锻炼能力的机会。

此外，还有一些机构提供大学教授或研究机构带领的课题研究项目，让中学生参加这些教授正在研究或曾经研究过的课题，也是一种非常好的探索方式。如果参与研究的是自己真正感兴趣的课题，并且在教授的指导下取得了一定成果，对于未来的升学也会有很大的助力。

我也会在公众号"生涯规划师何戎"上发布一些和职业探索有关的项目，供大家参考。

无论你采用哪种探索方式，探索后一定要写下自己的心得和感受，否则当时的感受很快就会消散，就像我们听过的很多课一样，左耳听右耳冒了。建议大家采用"工具5.1"来记录你的探索心得。此工具的设计参考了《人生设计课》（*Designing Your Life*）中的部分内容。

工具 5.1　我的反思性日志

日期：_____　　活动名称：_____

细节记录：

活动：参加了什么活动？

环境：处于什么样的环境？它给你带来什么感觉？

互动：你与人或机器有怎样的互动？感受如何？

物体：你与物体或设备有互动吗？这些物体带给你投入感了吗？

用户：活动过程中有其他人吗？TA 扮演了什么角色？

我的反思：

提示：可以从以下几个方面写反思：你参加这个活动的原因是什么？从这个活动你了解到了哪些新的信息和知识？在过程中你有什么样的感悟？参加这个活动后，你之前的想法有哪些改变？过程中的哪些事情是让你特别感兴趣的？还有哪些方面你是想深度了解和学习的？

职业探索的过程不是一蹴而就的，这个过程可能会花上几个月甚至几年的时间。

你可能无法马上列出自己真正感兴趣甚至热爱的领域，但是请在探索的过程中利用"工具 5.1"记录好自己的心得和感受。等你需要做出选科、选专业、选大学、选职业等重大决定时，再回顾一下自己的经历，那么你的选择也就顺理成章了。

打造青少年自己人生的"奥德赛计划"

在进行重大选择时，其实每个人都应该有属于自己的三个完美计划（即《人生设计课》书中提到的"奥德赛计划"）。在进行生涯规划时，我们可以把很多种职业的可能性缩小到三种，无论最后选择哪一种，都是完美的。顺便说一下，三是一个很神奇的数字。在面临任何选择之前，我们最好给自己三个选择，而不是一个，否则就是没得选择。如果只是两个选择的话，人们可能有"掷硬币"式选择的倾向。在面临三种选择的时候，我们更愿意在充分判断后，再行选择。最后无论选择哪种方案，都是自己深思熟虑后的自主选择，也都是完美的方案。

接下来，让我们一起畅想一下你的"奥德赛计划"。

在畅想之前，先和大家推荐在学习和工作中经常会使用的一个工具——思维导图（MindMap）。英国教育专家托尼·布赞（Tony Buzan）在 20 世纪 70 年代就开始通过书籍和讲座的形式来宣传思维导图的好处。我们的大脑在处理信息时，通常不是线性的，而是具有发散性、联想性的特点。思维导图很好地模拟我们大脑的运作方式。简单来说，就是先在纸的中间画一个圈，在圈里写上你思考的主题。随着思考的进行，在这个圈的周围画出多个分支，作为分主题。按照同样的方式，分主题可以再细化。各个主题和分主题之间，可以用直线或曲线相连接。过程中，要尽可能用简洁的词语或短语，不要长篇大论。这样用不了多久，你就会围绕最开始的主题画出一张完整的思维导图了。这样做不但可以极大地提高学习效率，而且能看清楚思考的过程，还能激发更多思考。

现在，就让我们畅想一下你的人生"奥德赛计划"。

先拿出一张白纸，在中间画一个圈。想象十年之后，你希望呈现的职业状态是什么样的，然后给它取一个炫酷一点的名字，比如中国巴菲特、下一个施一公、现代版华佗。然后在圈中写上你的"奥德赛计划"的名字。

从中间的圈向外延展六个圈，代表六个分主题，分别是职业特质或关键词、家庭资源、社会资源、探索过程、前景和障碍、教育路径。每个分主题又延展出不同的子主题，根据之前对自己的了解和探索，分别在不同的子主题圈中写上一些关键词或短语。暂时不了解的，可以等了解之后再填上。下面我就这六个分主题进行简单的解释。

个人特质或关键词： 在这里，你可以填写根据之前正式或非正式测评结果得到的霍兰德代码（R、I、A、S、E、C）和工作价值观，或者你总结的自己专属的一些关键词，例如领导力强，有目标感、正直等等。

　　家庭资源：无论是在人脉上还是在财务上，家庭都是孩子生涯发展的重要支撑。在这里列出家庭能够提供给你的支持。

　　社会资源：进入 21 世纪的第二个十年，赋能孩子发展的社会资源已经非常丰富。在孩子畅想自己的"奥德赛计划"的时候，要看看社会上提供的哪些资源能给自己的探索助力，又有哪些资源能给自己以后的职业发展助力。

　　探索过程：你在前几章已经完成的一系列职业探索和反思日志的记录，这个时候就可以派上用场了。在画这个思维导图的时候，你可以拿出之前写好的反思性日志，回顾一下自己探索的心路历程，写下一些关键词。

　　前景和障碍：未来是什么样的？没有人能够准确判断。硅谷智库机构"未来学院"（Institute for The Future）在《人机合作的下一个时代》（*The Next Era of Human Machine Partnerships*）报告中预测："人们在 2030 年所从事的工作，有 85% 的工作现在是不存在的。"但我们还是可以通过政策、数据、社会发展趋势等因素判断自己的"奥德赛计划"前景如何。

　　除了了解前景之外，还需要了解可能面临的障碍是什么，比如说这个职业或行业会不会受到"STARA"的影响。STARA 是 Smart Technology（智能技术）、Artificial Intelligence（人工智能）、Robotics（机器）、Algorithm（算法）的简称。

　　教育路径：要实现自己的"奥德赛计划"，该学什么课程、读什么专业、上什么大学呢？要规划好相应的教育路径。

畅想我的"奥德赛计划"思维导图示例

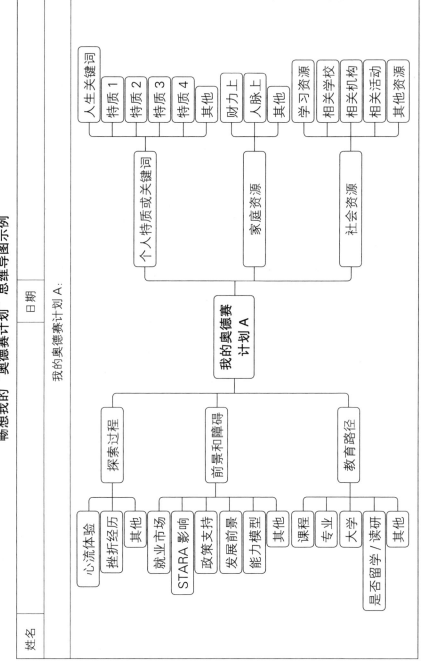

姓名　　　　日期

我的奥德赛计划 A：

- 我的奥德赛计划 A
  - 个人特质或关键词
    - 人生关键词
      - 特质 1
      - 特质 2
      - 特质 3
      - 特质 4
      - 其他
  - 家庭资源
    - 财力上
    - 人脉上
    - 其他
  - 社会资源
    - 学习资源
    - 相关学校
    - 相关机构
    - 相关活动
    - 其他资源
  - 探索过程
    - 心流体验
    - 挫折经历
    - 其他
  - 前景和障碍
    - 就业市场
    - STARA 影响
    - 政策支持
    - 发展前景
    - 能力模型
    - 其他
  - 教育路径
    - 课程
    - 专业
    - 大学
    - 是否留学/读研
    - 其他

人生"奥德赛计划"的示范

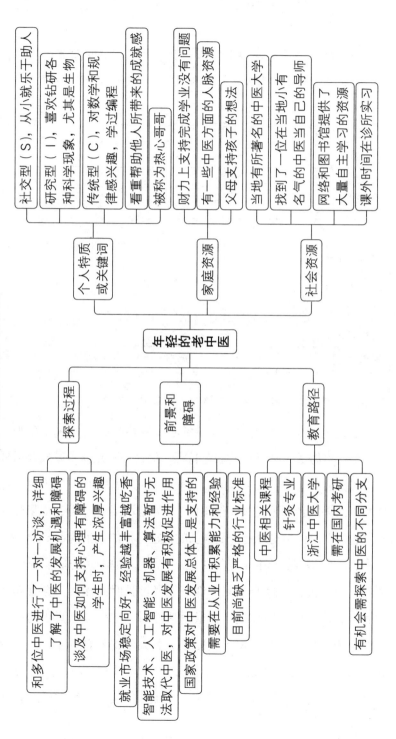

个人特质或关键词
- 社交型（S），从小就乐于助人
- 研究型（I），喜欢钻研各种科学现象，尤其是生物
- 传统型（C），对数学和规律感兴趣，学过编程
- 看重帮助他人所带来的成就感
- 被称为热心哥哥

家庭资源
- 财力上支持完成学业没有问题
- 有一些中医方面的人脉资源
- 父母支持孩子的想法

社会资源
- 当地有所著名的中医大学
- 找到了一位在当地小有名气的中医当自己的导师
- 网络和图书馆提供了大量自主学习的资源
- 课外时间在诊所实习

年轻的老中医

探索过程
- 和多位中医进行了一对一访谈，详细了解了中医的发展机遇和障碍
- 谈及中医如何支持心理有障碍的学生时，产生浓厚兴趣

前景和障碍
- 就业市场稳定向好，经验越丰富越吃香
- 智能技术、人工智能、机器、算法暂时无法取代中医，对中医发展有积极促进作用
- 国家政策对中医发展总体上是支持的
- 需要在从业中积累能力和经验
- 目前尚缺乏严格的行业标准

教育路径
- 中医相关课程
- 针灸专业
- 浙江中医大学
- 需在国内考研
- 有机会需探索中医的不同分支

如果存在三个平行宇宙的话，也许平行宇宙的你都在从事着不同的职业，而每个平行宇宙里的你都拥有满足、幸福的工作和人生。

工具5.2　我的理想职业

你的姓名:	
理想职业 A:	
理想专业	理想大学
理想职业 B:	
理想专业	理想大学
理想职业 C:	
理想专业	理想大学

在这些理想职业当中，你感觉心中呼声最强的是哪一个呢？也许那个就可能成为你真正的职业目标，但这并不意味着就放弃另外几个。其他的职业可以成为你的业余爱好，对应的是用舒伯人生角色彩虹图中的休闲者、公民等其他角色。这些都是你的生涯，如果能够在不同的人生角色中更好地分配自己的兴趣，你的人生满意度会更高。

黄同学是我曾经提供咨询的一个学生。他的理想职业目标有两个：导演、校长。这两个职业都是他经过长时间探索，自己非常喜欢而且有信心做好的职业。在最终选择时，他把自己真正的职业目标设定为了校长，并申请了美国某著名大学的教育专业。主要原因有二：一是自己的家庭是教育世家，可以在职业发展路径上助力。二是要成为导演需要资金、人脉、机遇，而这些他没有任何优势。

但这并不意味着他要放弃自己非常喜欢的导演方向。他准备上大学后利用业余时间自学相关知识和技能，并有计划地拍摄一些宣传中国文化遗产的短片上传到国外的社交媒体上。我半认真半开玩笑地和他说："也许你大学没毕业就在网上火了呢，那时候你的资金、人脉、机遇就都有了，导演就会成为你的职业了。"他笑了笑说："如果真的火了，就到时候再决定该怎么选择吧。"

在大学和专业选择这样重大的人生决定面前，黄同学结合自己的兴趣、家庭和社会资源、社会发展需求，自主地做出了选择。他认为这是他当下的最优选择。

如果经历了三个"奥德赛计划"的畅想和梳理之后，你还有些纠结，没关系，你可以就这三个计划分别和你人生中最了解你的五个人沟通，可以是你的父母、其他长辈、朋友、职业导师、生涯咨询师，看看他们有什么建议。在充分了解了各方的意见之后，就到你为自己的人生做主的时刻了。

谁是青少年生涯的决策人

曾几何时，我非常羡慕那些早早把自己孩子的人生之路都规划好了的家庭。我的家庭对我采取的是放养的方式。至今我仍清晰地记得，在我上大学时，家人帮我办好入学手续之后，说："以后就靠你自己了，家里没啥能帮你的了。"当时我既兴奋又茫然。兴奋的是新的环境、新的朋友、新的起点、新的机遇；茫然的是自己犹如大海上的一叶浮舟，既没有指南针，也没有导航图，完全不知道要漂向何方，而舵手只有我一人。

现在的我一点也不羡慕那些人生之路被家长规划好的学生，甚至有些为他们感到遗憾和可悲。

这里涉及生涯规划的根本问题之一：当遇到人生中重大决定的时候，到底该听谁的，到底谁做主。我们用航行来做一个类比会更加清晰。如果把人生的旅程比喻成大海上的一次航行，那么谁才是自己人生这艘船的主人呢？面对重大情况的时候，到底该由谁来做决定呢？

如果你是成人，我想答案是显而易见的，那就是我们每个人都是自己这艘船的船长，不是我们的父母，也不是我们的亲戚、朋友。面对大风大浪的时候，肯定是船长要做出决策，而不是听信船员或大副的。如果不是这样的话，那么你过的就不是自己的人生，而是别人的人生。

王老师是我培训过的一个学员。她从小家境优越，在当年选择大学专业和职业方向的时候，父亲告诉她："女孩子，稳定点就好了，也不需要你赚多少钱，以后就当老师吧。"于是王老师去英国一所大学就读了教育学专业，毕业后在父亲的安排下成为一名老师。她的同事和我说，在培训结束后，王老师哭了，哭得非常伤心。王老师说自己一点也不喜欢当老师，老师的工作让她感到很痛苦，已经痛苦十多年了。在培训过程中，通过"Kuder职业兴趣测评"得出的结果显示，她与"老师"这个职业也十分不匹配，最匹配的是生物研究员/科学家。看到自己的结果时，王老师不受控制地哭了起来。她说："我从小的梦想，就是成为一名生物科学家。在实验室里做实验、做研究，那是我的理想职业。"遗憾的是，王老师的重大生涯决定是由父亲凭借刻板印象做出的，这个决定带给她的是十多年痛苦的人生。王老师的人生之路还很长，她还可以以某种适合的方式去拾起早年的梦想，只不过现在去调整的代价是巨大的。

作为父母，你准备以何种方式赋能孩子做出生涯决定呢？

🎯 青少年要成为自己人生的"计划型决策者"

诚然，在面对选专业、选大学、选职业等这类重大问题时，中学生、大学生可能很难独立自主地做出选择。即便是工作多年的职场人士，也难免有很多茫然、困惑的时候。

那么，在面对重大人生选择的时候，到底该如何决策呢？接下来这个部分，我将向大家介绍一下生涯决定的基本思路。

大家可以先花两分钟完成下面的这个小测试。

在学习、生活、工作中，人们总会面临各种各样的选择，去哪家饭店吃饭、穿什么衣服、报什么兴趣班、选择什么课外活动或选修课、读什么专业……请反思一下你自己平时是怎么做决定的，然后从下面的选项中选出和你匹配的描述：

1. 在第一个方案出现时就做出决定。你可能会说："先这么决定吧，别的以后再说。"
2. 相信命运或运气，通常选择不做决定。你可能会说："顺其自然吧，该发生的自然会发生。"
3. 将决定权交给对这件事情更了解的人。你可能会说："你觉得可以就行，我没问题。"

4. 拖延对某件事情的决定，甚至可能先做一个别的决定来转移注意力。你可能会说："到底该怎么选我还不知道，今天晚上先去看场电影吧，别的事情以后再说。"

5. 为了做出更好的决定，你收集了大量的信息，然后淹没在海量的信息中，不知所措。你可能会说："这么多选择，我想做出正确的决定，不过真的是纠结啊！"

6. 按照有序的步骤来做出决定，包括收集信息、进行反思、确定感受等。你可能会说："我是自己人生的主人，做决定前我要做好评估。"

你的选择号码是＿＿＿＿＿＿＿＿＿。

近期有什么决定是按照这样的方式做出的？

　　美国著名心理学家莉莲·丁克拉格（Lilian Dinklage）定义了六种决策类型，用于描述人们做出决定时的思考方式。这六种决策类型分别是：冲动型决策者、宿命型决策者、顺从型决策者、拖延型决策者、痛苦型决策者、计划型决策者。

　　这六种类型分别对应了上面第一条到第六条的描述。

　　作为社会上的个体，我们的大脑每天都在做出各种各样的决定。网上流传一个说法：我们平均每天要做出 35000 个决定（虽然这个数字已经找不到出处）。是不是听起来很夸张？美国康奈尔大学的研究人员估计，仅关于"食物"一项，平均每个人每天就要做出 226.7 个决定。

　　有这么多的决定要做，我们不可能做每个决定时都深思熟虑，这也完全没有必要。

　　其实，我们每个人都是多种决策类型的综合体。在做出某些决定的时候，我们可能是冲动型决策者，比如说前几天我在街边看到一家新开的泰国餐厅，装修不错，就冲动消费了。结果，这里没有一道菜是正宗的。事后我打开"大众点评 App"查了一下，发现这家餐厅的评分只有 3.5 分。很明显，我的冲动决策没有带来好的结果，但其实代价也不大，一百多块钱的花费、一个小时的时间而已。

　　有些决策的代价却不止如此。如果你准备去国外旅游，你会不会直接跑到机场，随便买张机票，来场想走就走的旅行呢？当然，这样做也无可厚非，旅途中也真的可能有一些惊喜等着你。不过，如果没有准备好，惊喜也可能会变成惊吓。如果没有提前了解一个国家的风俗文化，很可能会遇到意想不到的麻烦。例如，在印度，摇头是肯定的意思，不是否定的意思；在美国，见到黑人时要千万避免说中文中我们常用的口头禅"那个"，因为"那个"和英语中用于贬低非裔美国人的"Nigger"发音类似。要规划一次一到两周的出国旅游，我们最好是计划型决策者，而不是冲动型决策者。因为这种决策的成本和代价相对大些。

和出国旅游规划相比，生涯规划对我们的人生会产生极为重大的影响，很多人生决定都是不可逆的。例如，之前高中的文、理分科，现在高中的选科，留学方面的国际课程体系选择、课程选择、留学国家选择、选专业、选大学、选职业方向等等，这些都是高代价的决定。一旦选错，想要纠错便是难上加难，需要付出的代价也不仅仅是用时间和金钱。我们将在下面的教育规划篇详细阐述在这些重大教育决定前，该如何做出科学的选择。

现在，让我们回头想一下，面对这些重大生涯选择，学生该成为什么样的决策者呢？

冲动型决策者：管他那么多呢！就这么选了，车到山前必有路！

宿命型决策者：反正社会都这样了，我努力也没用，命中有时终归有，命里无时莫强求！

顺从型决策者：爸妈说什么都行，要不听老师的吧，我是乖宝宝！

拖延型决策者：什么职业、专业、大学的，这还早着呢，等到时候再考虑吧。

痛苦型决策者：唉，这个专业看起来不错，那个专业好像也挺好的，我到底该怎么办啊？

这些决策者的态度，诚然不是我们在面对重大选择时该有的态度，因为，等你发现情况不对时，已经悔之晚矣。

我希望每个读者在重大选择面前，都能成为自己人生的计划型决策者。

青少年"计划型生涯决策"流程

现在你已经知道了生涯决定很重要，需要自己来做决定。问题是，面对不同的选择时，到底该如何做决定呢？

美国国家职业发展协会前任主席乔安·哈里斯·鲍尔斯比（JoAnn Harris Bowlsbey）提出了以下七个步骤，用于帮助人们在面对不同选择时，做出更加科学、明智的决定。

第一步：确定需要做的决定。即为什么需要做出这个决定，最终想要实现什么。

第二步：考虑自身的特点。在做决定的过程中需要考虑自身特点。

第三步：找出可选方案。找到解决这个问题或达成这个目标的各个方案。

第四步：收集关于每个方案的信息。尽可能地基于足够多的信息做出决定。

第五步：把可选方案按优先级排序。基于所得的信息将各个方案按照优先级顺序排列。

第六步：采取行动，执行最高优先级的方案。

第七步：回顾决定及可能伴随的结果。判断这些结果是否满足了你的需求。

在人生中，我们有很多决定要做，有些决定无关紧要，也没有必要遵循这样的流程，但是在面对一系列人生重大决定的时候，这个流程就显得无比重要。

小涛是找我咨询过的一位学生。他来找我时，正面临4个月之后要进行的高考。在面对繁忙的学业时，他为自己的未来感到茫然、困惑，不知道该朝什么方向努力，也不知道以后该学什么专业、上什么大学。让我们代入小涛的视野，来看看生涯咨询师是如何助力他完成这个人生中的重大决定的。

第一步：确定需要做的决定。

小涛希望在高考之前确定职业方向。他之前曾经考虑过以后当律师。

通过和我多次面谈，小涛认识到这是一个重大决定，需要深思熟虑之后才能自主地做出决定，而不是贸然地做出是否选择法律专业的决定。

第二步：考虑自身的特点。

在自愿的情况下，小涛自主完成了"Kuder 职业兴趣测评""Kuder 技能自信度测评"和"Kuder 工作价值观测评"。前两个测评可以准确地测出小涛在职业兴趣和技能自信度方面的特质，而价值观测评结果可以作为另一个参考的维度（想了解这三个测评的信息，可以关注公众号"生涯规划师何戎"）。

测评完成后，我给小涛做了测评结果的解读，他更加深刻地认识到了自己的特点。他喜欢钻研、乐于助人，还喜欢和工具打交道。他的霍兰德代码主要是社交型（S）、研究型（I）、现实型（R）（参阅第三章内容）。在他的人生轨迹中，有很多故事都能很好地体现和验证他身上的特点。

第三步：找出可选方案

根据Kuder测评建议的职业方向，结合小涛家里的资源和自己之前的一些想法（例如律师、心理咨询师），我们初步列出来10个可行的职业方向。从职业特质的角度来看，这些职业都是适合小涛的。

第四步：收集关于每个方案的信息。

这一步是生涯规划的重要步骤之一。

有太多的时候，我们做决定、做判断所依据的信息不是第一手信息（张三说、李四说、朋友说、老师说、网上意见领袖说……）。这些信息可能有用，当然更可能是道听途说的。

比如我们要做一次欧洲十国的旅游安排，听信了一些人写的攻略，结果写这些攻略的人从来没有去过欧洲，仔细想一下，这多么荒谬。

如果旅行规划都不能轻易听信别人，那么对于我们人生有重大意义的决定，就更不能依据自己听到的一些二手、三手信息就做决定了。

其实做起来也简单，核心就是两个关键词：第一手信息、信息源。

在这一步，小涛找了十几个职场人士进行职业访谈。这些职场人士都是在小涛适合的领域里从业多年的资深职场人士，包括律师、心理咨询师、生物技术科研人员、中医等。从兴趣爱好、个人特质，成长路径到职业前景、发展障碍等十几个维度，以深度访谈的形式，全面了解这些职业的真实情况。可以说，小涛在这个环节获得了大量真实的第一手信息。

关于信息源，这些人都热爱自己的职业。这非常重要，你可以想象，如果这些人不热爱自己的职业，那么小涛获得的信息可能包括很多抱怨、负能量，这将无益于小涛做出合理的判断。

第五步：把可选方案按优先级排序。

经过两个月的探索并畅想了自己的"奥德赛计划"之后，小涛把自己的完美职业定出三个方向：中医、生物科学家、心理咨询师。

经过了充分的分析和自我反思，他认为这些职业和他的匹配程度非常高，他有信心在这些职业方向上将取得很大成就。

他优先度最高的是中医。

第六步：采取行动。

小涛高考考了630多分。他在中医这个方向进行了更加深入的探索，了解了中医不同的发展方向和彼此的区别。经过慎重分析和深入探索，他选择了某中医大学的针灸专业，并被成功录取。他的目标是在十年后成为一名年轻的"老中医"。除了把中医发扬光大，他还有一个梦想，那就是用中国的传统医学去解决人们的心理问题。他发现越来越多的学生和职场人士都存在某种程度的心理问题，严重的需要吃药。他认为吃药是治标不治本的事情，也许中医会有更好的解决路径。

我为他感到高兴。他在个人特质和社会的真实需求之间，找到了一条通往自己人生梦想的路。

十年后，也许小涛会成为一名年轻的"老中医"，也许他会开启中医和心理结合的新学科。

第七步：回顾决定以及可能伴随的结果，判断这些结果是否满足了你的需求。

被大学录取后，小涛开始在某中医诊所实习。在导师的带领下，他完成了一系列的工作任务，并且已经开始有计划地读中医方面的古书。从目前来看，他对自己的决定非常满意。

有一天，他母亲给我打电话，说了一件趣事。一个周六的早上，小涛早起去上班（实习）。她也跟着起床上班，到单位后才发现，当天不用上班。听他母亲讲完，我不由得笑出了声。

看来，小涛已经找到了自己热爱的方向。他眼中有光，完全不需要任何人的督促。

在通往自己职业梦想的路上，小涛找到了一条最适合自己的教育路径。这让他在高考结束后，根据自己的分数很快地做出大学和专业的选择。虽然有人质疑中医有什么好的，应该选择上985大学，但是小涛十分笃定自己的选择，也深信这样教育规划会让自己的人生少走弯路。

第六章

教育规划（国内篇）

如果找到了自己的理想职业方向，那么课程、专业、大学的选择就一蹴而就了。这就是生涯规划常说的"以终为始"，即以职业为"终"，回到当下的这个始点，做出最优选择，这才是教育规划的"道"，至于专业、大学的具体信息，则是"术"方面的事情了。

在高考结束之前，家长们关注的重心是孩子不能输在起跑线上。于是，从幼儿园开始一直到高中毕业，各种兴趣班、K-12学科辅导、艺术培训、语言培训、竞赛培训、STEM等各种培训陪伴着每个孩子度过了十几个春夏秋冬，几乎填满了他们所有的课外时间。不管是主动的还是被动的，"鸡娃"貌似已经成为每个家庭必须要做出的选择。

高考结束，貌似大功告成，"鸡娃"可以告一段落了。但恰恰是这个时候，家长们才开始真正焦虑孩子未来的职业方向了，高考志愿填报成了锁定孩子未来前程的"救命稻草"。我的学生曾发给我一段升学指导展会的现场视频，视频中人头攒动，家长们争先恐后地抢到展位面前，让填报师给自己的孩子把把脉。隐约地听到各路填报师们斩钉截铁地说着"就这样报，就报这个学校、这个专业"，堪称是大型"义诊"现场。

"职业指导之父"弗兰克·帕森斯在1908年曾说过：

人生好比一次航向，最好是带着指南针和海图航行，而不是随意地、偶然地或根据离家远近程度，在不充分了解的情况下无知地进入一个职业。然后就一直漂着，最后到达不了有任何价值的港口。

一百多年过去了，貌似这个状况丝毫没有好转。在每年上千万的高考生中，又有多少"无知地"选择了一个方向，然后就一直漂着呢？有少数人会幸运地碰上自己喜欢的专业，但神奇的"二八定律"注定了更多的人会像当年的我一样，在一段时间之后发现当时的选择有多么荒谬，而那也将成为他们人生中的至暗时期。

我会明确地告诉找我咨询的亲戚和朋友，孩子的人生由他们自己做主，虽然我是一名经验丰富的生涯规划师、咨询师、培训师，但我并不是孩子人生的主人。我真正能做到的，就是赋能每个孩子尽早启动生涯规划，并在他们成长的过程中提供支持。

当孩子有了属于自己的"奥德赛计划"（理想职业）的时候，要做的就是看哪种教育路径能让孩子更容易地实现自己的职业目标，并综合自己的分数情况，去选择相应的区域、学校和专业。

我们经常提到生涯规划要"以终为始"。其实，就是以职业目标为"终"，回到当下的这个"始点"，去判断到底该如何做出最适合的教育规划。而这，也是教育规划的底层逻辑。

在教育规划方面，的确存在"信息差"的问题。接下来，本章将尽可能补足大家在教育规划的信息差。"千军万马过独木桥"是大家对高考的形容。但是，如果等到孩子高考之后，再去考虑报考什么大学和专业的话，就已经错失了很多种升学路径了。下面就让我们来看一下，选择国内高考体系的学生，到底有哪些升学通道。

普通高等院校（按层次分类）

虽然大家都相对熟悉国内普通高等院校的体系，但"清北复交""九校联盟（C9联盟）""985""211""双一流"和省重点、民办、独立学院等这些名字却经常让大家眼花缭乱。这里我将介绍一下国内大学的不同层次和特点，方便大家在进行选择的时候更加有的放矢。

○ **九校联盟（C9 联盟）**：联盟校的概念在国外十分常见，大家耳熟能详的"美国常青藤联盟"就是由美国八所顶尖私立大学组成。我国的"C9 联盟"由清华大学、北京大学、复旦大学、上海交通大学、浙江大学、南京大学、中国科学技术大学、西安交通大学、哈尔滨工业大学这九所中国顶尖学府组成。"C9 联盟"都属于"985 工程"大学。能够进入"C9 联盟"的院校读书，就意味着可以在一定程度上共享这九所大学的教育资源。被这九所大学录取也绝非易事，通常需要极高的高考分数。

○ **985 工程**：1998 年 5 月 4 日，时任国家领导人向社会宣告，"为了实现现代化，我国要有若干所具有世界先进水平的一流大学"。"985 工程"因此得名。"985"大学一共有 39 所大学，上面提到的"C9 联盟"院校都属于"985 工程"院校，它们代表了国内大学最顶尖的学术水平。在人才、机制、资源等方面享受中央和地方部门的优先支持。

○ **211 工程**：20 世纪 90 年代初，我国提出了面向 21 世纪重点建设 100 所左右的高等学校的目标，即"211 工程"。1995 年年底，国务院正式批准了这一计划。目前，国内一共有 116 所"211 工程"的大学。值得注意的是，所有的"985 工程"大学都是"211 工程"大学，但并不是所有的"211 工程"大学都是"985 工程"大学。

○ **"双一流"建设**：双一流建设是建设"世界一流大学和世界一流学科"的简称，这是我国继"211 工程""985 工程"之后的又一重要国家战略。目前，已经有 147 所院校进入了"双一流"建设的名单。2019 年底，教育部发表声明，原有的"985工程"和"211工程"等大学被统筹为"双一流"建设大学。自此,"985""211"退出了历史舞台。不过,在百姓的心中,"985"大学、"211"大学仍然有着举足轻重的地位。在民间,人们仍然会用"985""211"去称呼名单上的那些学校。

○ **省部共建大学 / 省属重点大学**:除了"985""211""双一流"大学之外,还有很多学校也得到了国家部委和地方政府的支持,在全国有很大的影响力。这些院校通常可以得到相应部委的资源支持,在一些学科方面会有得天独厚的优势。大家如果对某些学科特别偏好,可以考虑一下报考相应国家部委支持的大学。例如外交学院就是外交部支持建设的大学。南京邮电大学则是工业和信息化部参与共建的大学。省属重点大学则是综合实力在地区省属高校中名列前茅的大学,通常在本省有很大的声誉和影响力。

○ **其他省属公办本科**:这就是我们通常所说的"二本"院校。分数线通常是在原来的"一本"院校之下,当然这也并非绝对。有些省属公办本科院校的分数甚至可能超过"985"大学。需要注意的是,新高考改革省份已取消一、二本批次划分,统称为"本科批次",实行一次性投档。

○ **民办高校**:民办高校指的是由社会组织或个人利用非财政资金,面向社会举办的高校。

○ **高职专科院校**:高职专科院校是对专科层次院校的统称。

通过上面的介绍,相信大家已经对国内普通高等学校的划分有了较为清晰的理解。不难看出,国内的高校资源十分丰富。无论是在哪个分数段，可选择的学校和专业都很多。如果在高考结束之后再去考虑选择什么大学和专业，家长和学生一定会陷入信息过载的状态。在面对海量的大学和专业信息、身边亲戚和朋友的各种意见、社会上意见领袖发出的声音时，你的大脑会处于过载状态，以致无法做出正确的选择。

但如果你已经有了自己的"奥德赛计划"，就可以找出最适合报考的大学。下面再从专业的角度来分析一下国内的大学。

🎯 普通高等院校（按专业特色分类）

如果在高考之前，就已经设定好了自己的"奥德赛计划"，那么接下来要做的就是选择与之匹配的专业，进行有针对性地学习，去构建自己的能力。通过上面的分类，大家已经对中国大学的层次有了基本的了解。接下来，我将从专业的角度进行梳理。

在本科教育阶段，我国把专业分为 12 个学科门类、93 个专业类、816 个专业。在高职专科院校，还设有众多不同的专业。具体的专业设置，可以到"阳光高考网"（gaokao.chsi.com.cn）查询。

我国并没有官方认可的大学排名。不过，教育部学位和研究生教育发展中心会定期对国内的大学进行"学科评估"，对大学的各个学科进行评分，分为 A+、A、A-、B+、B、B-、C+、C、C-，需要注意的是，仅有几十所学校能够进入最后的榜单，这也意味着这些学校在相关学科方面是出类拔萃的。大家可以到教育部学位和研究生教育发展中心的官方网站查询，网址是：www.cdgdc.edu.cn。对于有明确专业方向的学生来说，这无疑给出了明确的志愿填报方向。接下来，我们将介绍在某些学科或行业方向上具有特色的一些学校。

○ **法学方向的"五院四系"**："五院四系"是五所政法院校以及四所大学法律系的简称，这几所高校的法律学科在中国法学教育界具有重要地位。它们是：中国政法大学、华东政法大学、中南财经政法大学、西南政法大学、西北政法大学、北京大学法学院、中国人民大学法学院、武汉大学法学院、吉林大学法学院。如果你的"奥德赛计划"是"Z时代的罗翔"，那么"五院四系"就是你努力的目标。

○ **财经方向的"两财一贸"**：中央财经大学、上海财经大学、对外经济贸易大学被称为"两财一贸"。这三所学校虽然没有"985"大学的光环，但因为其所在的城市都是金融中心，这三所学校在财经领域拥有特殊的地位，毕业生也深受银行、投行等金融机构的欢迎。此外，西南财经大学、中南财经政法大学、东北财经大学也是财经领域大名鼎鼎的学校。在第四轮学科评估中，这些财经类大学是金融相关学科的榜上常客。如果你的"奥德赛计划"是"下一个巴菲特"，那么这些学校就是你努力的院校。

○ **国防七子**：航天英雄杨利伟曾说过："在我工作的周围有40%的人都是'哈工大'的毕业生。"杨利伟说的就是国防七子之首哈尔滨工业大学。"国防七子"指的是原国防科工委（现工业和信息化部）下属的七所高校，分别是北京航空航天大学、北京理工大学、哈尔滨工业大学、西北工业大学、哈尔滨工程大学、南京航空航天大学、南京理工大学。这七所大学中有五所是"985"大学，两所是"211"大学。每所学校的学科重点略有不同。大家可以到各个学校官网查询相关信息。

除了"国防七子"之外，和国防相关的院校还有"军工六校""兵工七子"。

如果你立志投身我国的国防事业，那么"国防七子""军工六校""兵工七子"无疑是你生命中的灯塔。需要提醒注意的是，进入这些学校就读后，以后留学的可能性会大大降低。为了在科技领域对我国"卡脖子"，美国政府把许多中国的高校列入了"实体制裁名单"。上面这些与国防相关的学校首当其冲。如果就读这些学校，以后想去美国就读研究生的可能性会很低，即便被大学录取了，也很难获得留学签证。

○**军地四医：** 这是四所地方精英医学院和四所军队精英医学院的简称。地方四大医学院包括：华中科技大学同济医学院、中山大学中山医学院、四川大学华西医学中心、中南大学湘雅医学院。军队四大医学院包括：南方医科大学、海军军医大学、陆军军医大学、空军军医大学。

南方医科大学现在已经不属于军校。海军军医大学、陆军军医大学、空军军医大学在招生时分有军籍和非军籍两种。有军籍的名额在提前批招生，考生需要通过体检、政审、面试，大学就读期间享受军人的供给制待遇，有军籍，毕业后根据部队实际需要分配工作。无军籍的名额在本科一批招生，无须政审、面试、体测要求，毕业后自主择业。

此外，中国协和医科大学被称为"医学霸主"。北京大学医学部、复旦大学上海医学院被称为"南北医学双雄"，此外还有"医学十一大金刚"。

虽然社会上对这些医学院的排名有高低之分，但对于考生来说，最重要的是以后在哪个城市从医。毫无疑问，这些医学院在当地都拥有极高的认可度，而且拥有许多附属医院。例如，如果被上海交通大学医学院录取，在学习期间你就会去"上海交大"的各大附属医院实习，毕业之后有很大可能会进入这些医院从医。

如果你的"奥德赛计划"是成为"新时代的钟南山"，那么这些学校就是你锚定的方向。

○ **建筑老八校**：有八所学校在国内建筑领域有着重大的影响力，它们被称为"建筑老八校"，分别是：清华大学、同济大学、东南大学、天津大学、华南理工大学、重庆大学、哈尔滨工业大学、西安建筑科技大学。进入 21 世纪之后，"建筑新八校"的实力也不容小觑，它们是浙江大学、湖南大学、沈阳建筑大学、大连理工大学、华中科技大学、上海交通大学、南京大学、深圳大学。

如果你的"奥德赛计划"是"现代版的梁思成"，那么上面的这些学校将是你的理想殿堂。

○ **师范名校**：在软科推出的"2023 中国师范类大学排名"中，排名前二十的师范大学依次是：北京师范大学、华东师范大学、华中师范大学、东北师范大学、南京师范大学、陕西师范大学、西南大学、华南师范大学、湖南师范大学、首都师范大学、福建师范大学、浙江师范大学、山东师范大学、上海师范大学、江西师范大学、江苏师范大学、杭州师范大学、安徽师范大学、天津师范大学、河北师范大学。

如果你的理想是成为"当代陶行知"，那么这些学校可以助力你向理想迈进。

在中国的一千多所高校中，还有很多我们耳熟能详的一些提法。例如"两电一邮""四大工学院""南药北药"，这里就不一一介绍了。

重申一下，我国教育部定期对大学的不同学科进行评估。评估结果在教育部学位和研究生教育发展中心的官方网站公示，网址是：www.cdgdc.edu.cn。如果你在生涯规划中确定了自己的职业方向，就可以根据职业方向倒推专业或学科方向，进而去定位适合的大学。

多元升学路径

是不是只能在高考结束后用高考成绩去申请大学呢？实际上，凭借高考成绩只是各种升学路径中的一种。下面我们将介绍一下普通高中生可以选择的多元升学路径。

军事院校

全国共有 44 所军事院校，分别隶属于军委、军兵种、武警部队。其中军委直属的国防大学、国防科技大学无疑是军校里的翘楚。在 44 所军事院校中，有 27 所院校直接招收高中毕业生。军事院校都在提前批次招生。需要特别注意是，除了高考成绩要符合要求之外，报考军事院校的学生还必须要通过政审、面试、体检，才能被录取。

军事院校为学生在就读期间提供"三免一补"，即免学费、杂费、住宿费，并享受生活费补贴。

如果你的"奥德赛计划"是共和国卫士，那么这些军校是你的不二选择。

公安院校

我国一共有 35 所警察学校，这些学校公安专业毕业的学生都有资格参加公安联考，这是成为警务人员的直通车。需要注意的是，其他非警察学校公安专业毕业的学生不能参加公安联考，例如中国政法大学。警校也是在提前批报考，除了高考成绩之外，还有政审、体检等要求。

公费生

在就业环境不理想的情况下，国家的公费生计划为学生提供了一个既能免费读大学，又能得到工作保障的机会。公费师范生、免费医学生、公费农科生是我国政府提供的极具中国特色的计划。如果你的"奥德赛计划"是"当代陶行知""现代版华佗""下一个袁隆平"，并且准备为家乡的教育、医疗、农业事业做出自己的贡献，那么这些项目非常适合你。参加公费生项目的学生无须缴纳学费、住宿费，还可以享受生活补贴，毕业后可以获得相关编制和工作保障。前提是本科毕业后必须要回到生源省份工作一段时间，其间不能脱产考研，私自离职的话将被计入诚信档案。所有公费生计划都在提前批次报考。

飞行员

如果你想遨游天空，那一定要关注空军、海军、民航的招飞计划。需要注意的是，想要成为飞行员绝非易事。空军、海军、民航招飞计划都设定了非常严格的政治、身体、心理条件，从报名、初选、复选、定选、录取，整个流程要持续半年多的时间，通常在高考前一年的 9 月份就要开始准备了。报考细节可以参考官方网站：

空军招飞网：www.kjzfw.mil.cn

海军招飞网：www.hjzf.mil.cn

民航招飞信息系统：mhzf.caac.gov.cn

艺考生、体育特长生

对于高水平运动员和有艺术特长的学生，我国的相关高校也有专门的招生途径。体育特长生的定义是：

1. 获得国家二级运动员（含）以上证书，且高中阶段在省级（含）以上比赛中，获得集体项前六名的主力队员或个人项前三名者；

2. 具有高中同等学力，获得国家一级运动员（含）以上证书者或近三年内在全国或国际集体项目比赛中获得前八名的主力队员。

艺考生指的是报考艺术类院校或专业的考生。除了要参加高考外，艺考生还必须参加所报考学校或者本地区组织的专业考试。

想要详细了解各校关于艺考生和体育特长生的招生政策，可以直接到目标学校的官网查询。"阳光高考网"也整理了各省艺考生和体育特长生的报考指南，可到 www.gaokao.chsi.com.cn 上查询最新消息。

强基计划

2020 年 1 月，教育部决定自 2020 年起，在部分高校开展基础学科招生改革试点，目的是选拔和培养有志于服务国家重大战略需求的复合型人才，又称"强基计划"。39 所"985 工程"大学都加入了"强基计划"。截至 2023 年，强基计划共录取了 2 万余人，选拔了一批对基础学科研究有志向、有兴趣、有天赋的学生。

加入"强基计划"的高校重点在数学、物理、化学、生物、力学、基础医学、育种及历史、哲学、古文字学等相关专业招生，聚焦高端芯片与软件、智能科技、新材料、先进制造和国家安全等关键领域以及国家人才紧缺的人文社会科学领域。各所高校也会集中学校的优质教育资源来培养"强基计划"的学生。例如，清华大学专门为"强基计划"成立了五大学院：致理书院、未央书院、探微书院、行健书院、日新书院，集清华大学全校之力，赋能"强基计划"学生的发展。

如果你的"奥德赛计划"是和这些基础学科相关的，那么"985"大学的"强基计划"一定是要优先关注的。各个大学会在3月底发布当年"强基计划"的招生简章，并开通网上报名。高考结束后，各高校在收到申请人的高考分数后，将确认考核名单并组织考核，根据折算后的综合成绩择优录取。

需要注意的是，并不是高考分数高就一定能够被录取。一般是以高考成绩的85%和校测成绩的15%进行折算，然后择优录取。具体比例以各校招生简章公布为准。

"强基计划"的录取工作是在提前批志愿填报之前完成，这意味着即便没有被"强基计划"录取，也不会影响接下来的正常志愿填报。

我们不能把"强基计划"简单当成进入名校的捷径。实际上，被"强基计划"录取后很难转专业，本科毕业后就业情况也不见得十分理想，通常需要继续就读硕士或博士研究生。如果你并不是真正热爱这些基础学科，也无法沉下心来做研究，那么"强基计划"并不适合你。

🎯 中外合作办学

是不是就读国内的普通高中就没法去境外留学呢？当然是否定的。即便就读的不是国际学校，在普通高中就读的学生可以选择中外合作办学和境外大学直申这两种和留学相关的升学方式。

中外合作办学指的是中国的学校或机构与外国的学校和机构在中国境内合作举办的学校或项目。

从根本上来说，中外合作办学的学校或项目也属于上一节中提到的国内普通高等院校。社会上关于合作办学的信息繁多，如果不仔细甄别的话，可能跳进坑里都不自知。本章将专门用一节的内容把中外合作办学彻底说清楚。

我们可以把中外合作办学分为三大类：具有独立法人资格的中外合作大学、教育部审批或备案的中外合作办学项目、未经教育部审批或备案的中外合作办学项目。

具有独立法人资格的中外合作大学：顾名思义，这类学校是在中国具有独立法人资格，可以单独办学，通常由国内知名大学和国外顶尖大学联合创办。目前，国内一共有 10 所具有独立法人资格的中外合作大学，简称为"S10"。详细信息如下表：

学校名称	成立时间	合作中方大学	合作外方大学	所在城市
宁波诺丁汉大学	2004 年	浙江万里学院	诺丁汉大学	浙江宁波
北京师范大学 – 香港浸会大学联合国际学院	2005 年	北京师范大学	香港浸会大学	广东珠海
西交利物浦大学	2006 年	西安交通大学	英国利物浦大学	江苏苏州
上海纽约大学	2012 年	华东师范大学	美国纽约大学	上海

学校名称	成立时间	合作中方大学	合作外方大学	所在城市
昆山杜克大学	2013 年	武汉大学	美国杜克大学	江苏昆山
温州肯恩大学	2014 年	温州大学	美国肯恩大学	浙江温州
香港中文大学（深圳）	2014 年	深圳大学	香港中文大学	广东深圳
广东以色列理工学院	2016 年	汕头大学	以色列理工大学	广东汕头
深圳北理莫斯科大学	2017 年	北京理工大学	俄罗斯莫斯科大学	广东深圳
香港科技大学（广州）	2022 年	广州大学	香港科技大学	广东广州

这些学校堪称是中外合作办学的典范了。以下是和生涯规划相关的一些必要考量：

1. 费用方面：这些学校的学费通常每年在 10 万元左右。比其他国内的大学要高出很多，而且学费在逐年上升，这对很多家庭来说是一笔不小的负担，需要认真考量。

2. 是否留学：就读"S10"大学，本科期间会获得更多去境外留学或交换的机会。例如上海纽约大学就要求每个本科生去纽约大学的其他海外校区就读半年。宁波诺丁汉大学提供"2+2"模式，即前两年在宁波诺丁汉大学就读，后两年去英国诺丁汉大学就读。除了本科阶段的留学机会之外，"S10"大学本科毕业的学生更容易被境外名校研究生院录取，所以研究生阶段是否留学也是选择"S10"大学的重要考量因素。

3. 英文水平：这些大学基本是全英文的授课环境，这对孩子的英语能力有极强的要求，务必提前做好准备，否则很难适应大学的学习和生活。

4. 学术要求：这些大学在学术上有严格的要求，一旦有学术抄袭或学术造假现象，很可能被学校开除。若抱有"混文凭"的心态，千万不要报考这些学校，否则会竹篮打水一场空。

5. 专业情况：要仔细调研和评估这些大学在自己喜欢的专业方向上是否具有优势，能否为自己未来专业领域的发展提供充分的资源。各大学的官方网站会提供专业的详细介绍。

6. 就业情况：除了考研外，很多学生在本科毕业后也会直接就业。详细了解各个大学如何支持学生的职业发展，也是在报考前必须要做的工作。大学都会发布每一届毕业生的就业报告，去学校官网查询即可。

7. 在招生时，除了参考高考成绩之外，有的"S10"大学还采用综合素质评价等。

教育部审批或备案的中外合作办学项目：这些项目通常是国内大学和境外大学某个学院或专业之间的合作。具体信息可以到教育部中外合作办学监管信息平台查询，网址是：www.crs.jsj.edu.cn。这个网站是查询所有正规中外合作办学项目的唯一官方网站，大家一定要认清。在这个网站上，可以按专业或课程、中方合作学校、外方合作学校、外方所在国家或地区进行具体的查询。例如，在专业或课程处输入"环境"、在外方所在国家或地区处输入"美国"，可以得出 14 个合作办学项目。以下是选择此类合作办学项目的一些必要考量：

1. 要报考此类中外合作办学项目，需要正常参加高考，并在相应的批次填报志愿。这类项目因此也被称为"计划内合作办学"。一般来说，计划内合作办学项目的录取分数要低于本校其他专业的分数。随着近年来合作办学项目在社会上的认可度不断提升，有些项目的分数也不见得低。例如上海交通大学交大密西根联合学院就要求申请人分数达到上海交通大学的提档线。

2. 费用方面：这些学校的学费每年通常在 10 万元左右。在国外读书的费用要按照外方大学的官网公示为准。以美国为例，波士顿、纽约、洛杉矶等地的大学每年的学费和生活费至少 50 万元。

3. 语言水平：此类合作办学项目通常采用中外文混合授课，对外文的综合能力要求也很高。对于需要留学的学生来说，还需要参加雅思、托福等语言考试并取得相应的成绩，才能满足要求。

4. 留学准备：因为采用中外文授课，对于有意本科毕业后出国留学的学生来说，参加此类合作办学项目，意味着可以在外文上、学术上做好更充分的准备，可以和国外的教学模式无缝衔接。

5. 办学模式：一般采用"1+3""2+2""3+1""4+0"模式。"1+3"即在国内大学读前一年，然后再到境外大学读后三年，其他模式以此类推。毕业后可获得中国大学颁发的毕业证，在符合外方大学要求的情况下，还会获得外方大学颁发的学位证。

6. 学位认证：对于参加此类合作办学项目的学生，如果获得外方大学颁发的学位证，需向中国教育部留学服务中心申请对学位进行认证，可享受留学生毕业回国的相关政策福利，例如一线城市落户。

计划外中外合作办学项目：并不是所有的合作办学项目都得到了教育部的审批或备案，我把未经教育部审批或备案的项目统称为"计划外合作办学"。计划外合作办学项目也属于国内大学和外方大学进行的校际合作。实际上就是双方大学就某个专业或学科签署了转学分协议，这样国内的学生在国内大学完成一定的课程之后，就可以把相应的学分转到国外的大学，进而避免去留学时重复学习类似的课程。下面是一些重要的考量：

1. 办学模式：一般采用"1+3""2+2""3+1"模式。通常会有第三方公司或机构参与项目的具体招生和运作。这类项目一般都是单独招生，无法通过高考志愿填报系统进行填报。高考分数会作为招生的参考因素。毕业后可在符合外方大学要求的情况下，获得外方大学颁发的学位证。

2. 费用方面：国内期间学费每年通常在10万元左右。在国外读书的费用要以外方大学的官网公示为准。

3. 语言水平：学生在国内必须通过相应的语言测试，例如雅思、托福。

4. 学位认证：要特别注意，从计划外合作办学项目毕业的学生，很可能无法获得中国教育部留学服务中心的学位认证。这也就意味着，毕业后获得的外方学校的学位证无法获得中国教育部的认证，在报考公务员、事业单位的时候可能无法满足学位上的要求。当然，如果继续在国外读完硕士或博士再回国，用最高的学位来认证，就不存在任何问题了。

境外大学升学

是不是高考体系里的学生就只能用高考成绩申请国内的大学或合作办学项目呢？其实不然。

Emily 是我之前的一位同事，她的女儿曾在陕西一所重点高中就读。高二时，她自学了 A level 课程，在高二下学期参加了 A level 考试（英国高考），并取得了优异的成绩。在高三上学期，她向多所英国大学提交了申请材料。在高三下学期，当她的同学还在为高考冲刺时，她已经拿到了剑桥大学的录取通知书。

你可能会说，人家可真是学霸啊。的确，Emily 的女儿学习成绩优秀，但很难说就是高考体系里的绝对学霸。英国高考听起来貌似很难的样子。如果我们换种思路来看，实际上可能没有想象的那么难。无论是英国高考、美国高考，还是中国高考，数学就是数学、物理就是物理、化学就是化学。所谓的英国高考其实就是换成英文去完成相应的题目而已。虽然考查的方式和方法不一样，但是如果学生具有扎实的基础，在英国高考或美国高考中考出很高的分数也并非难事。

如果希望本科阶段能够出国的话，即便就读的是高考体制内的高中，也仍然可以通过参加相应的国外考试（ACT、SAT、托福、雅思、PTE、A level、AP 等），直接申请境外大学的本科。这样的话，就能避开和上千万高考生去竞争国内的大学。Emily 的女儿走的就是这样的路径，最后也被世界顶尖名校录取。下面我们就来介绍一下具体的方式。

高考成绩直接申请：作为一项重要的考试，中国高考也受到越来越多境外大学的认可。凭借中国高考成绩，可以直接申请中国香港和澳门的大学，还可以申请绝大多数澳大利亚的大学（包括八大名校中的七所）、32 所英国大学、几乎所有新加坡的大学、将近四分之一的加拿大大学、一部分美国大学，还有少部分欧洲的大学。当然，对于这些大学来说，中国高考成绩只是录取的参考因素之一，并不是唯一。例如，香港大学在录取过程中，将综合考查申请者的整体素质，并优先考虑以下因素：

· 申请人的高考总成绩及英语成绩

· 申请人的面试表现（如获面试资格）

· 申请人的综合学术及非学术素质

这其实就涉及我们在后面将要提到的"综合素质评价"。如果你在高中三年进行了科学的生涯规划，并积极参与了"综合素质评价"的过程，那么你的综合素质有可能会满足许多境外大学的录取要求。

除了需满足高考成绩的要求之外，境外院校通常对申请人的英语（或其他外语）水平有较高的要求。

国际课程和考试： 是不是没有就读国际学校就不能参加国际上的考试了呢？这个答案当然是否定的。即便没有就读国际学校，也完全可以通过自学或其他方式去学习世界上广受认可的一些国际课程和考试，例如 A level、AP、ACT、SAT、托福、雅思等。上面提到的 Emily 的女儿就是这样的案例，她自学 A level，并参加了雅思考试，在取得优异成绩的情况下，她可以去申请几乎英语圈的所有大学。至于适合参加什么样的国际课程和考试，不同的课程和考试在申请不同国家大学的优劣势如何，我将在"教育规划（国际篇）"部分做详细介绍。

高中生怎么填写综合素质评价

"老何，综合素质评价是咋回事啊？我女儿学校让填这个，这个对考大学有用吗？"不久前，我接到一位老朋友打来的电话。当听我介绍完之后，我的朋友说："哦，就是随便填填就行了。"我苦笑一声，没有继续接话了。其实综合素质评价绝不是随便填填而已。

中国教育部在 2014 年发布的《教育部关于加强和改进普通高中学生综合素质评价的意见》中指出：

　　综合素质评价是对学生全面发展状况的观察、记录、分析，是发现和培育学生良好个性的重要手段，是深入推进素质教育的一项重要制度。全面实施综合素质评价，有利于促进学生认识自我、规划人生，积极主动地发展；有利于促进学校把握学生成长规律，切实转变人才培养模式；有利于促进评价方式改革，转变以考试成绩为唯一标准评价学生的做法，为高校招生录取提供重要参考。

　　各地教育主管部门根据本地实际情况，制定综合素质评价的实施办法。在上海市教育委员会制定的《上海市普通高中学生综合素质评价实施办法》中，综合素质评价围绕品德发展与公民素养、修习课程与学业成绩、身心健康与艺术素养、创新能力与实践能力这四个部分进行。要求学生在每个学期填写《上海市学生成长记录册》，将相关内容录入到信息管理系统，并在高中毕业前生成《上海市普通高中学生综合素质纪实报告》，该报告将作为高校人才选拔的参考。

　　在我看来，综合素质评价无疑是高中阶段开展生涯规划的助推器。如果能够认真对待综合素质评价，三年后，你不但具备上文中所提到的综合素质，更重要的是，你将探索出自己真正感兴趣的职业和专业领域，并将拥有令人信服的实践和经历。这些都是高校在选拔人才时极为看重的。

　　如果你已经找到了理想的职业方向，并开始了真正的职业探索，记录下了感受和心得，就会发现填写综合素质评价十分容易。让我们详细解读一下《上海市普通高中学生综合素质纪实报告》的内容，你就得心应手了。

在第一部分，需要填写 1~3 个"你最感兴趣的职业 / 行业 / 专业"，并写出不超过 500 字的自我介绍。这其实就是要写下你的"奥德赛计划"，并阐述你为什么有这样的选择。如果你已经按照本书的方法流程，充分地了解了自己的职业特质，进行了充分的职业探索，并在过程中记录了自己的感受和心得，我相信你一定可以在这里写出与众不同的自我介绍。

在第二部分，需要填写品德发展和公民素养方面的一些内容，涉及志愿服务、军事训练、农村社会实践、党团等内容。这些内容实际上就是考察你到底是一个"刷题机器"还是全面发展的人。

第三部分是关于高中学业的完成情况。可以看到除了高中课程之外，还需要填写拓展性课程、研究性课程、相关奖项。在本书中，我多次提出中学生要花一些时间跳出象牙塔，去尝试更多高中课程之外的课程和活动。这个部分就是展现你与众不同的机会。

第四部分是关于身心健康和艺术素养。早在春秋战国时期，学生就需要掌握"礼、乐、射、御、书、数"六项技能。当下，人们很容易陷入各种焦虑之中，过于看重分数，却忽视身体健康和艺术素养。没有身体健康，再多的财富也要归零。艺术素养更是人们创造力的源泉。

第五部分是关于创新能力和实践能力。通过这部分内容，我们可以清晰地看到，除了要有创造力，还要有将创意落地的能力。青岛某国际学校的丁同学被美国常青藤联盟大学康奈尔大学录取。在高一的时候他就找到了自己热爱的方向——环境科学。在高中三年，他不但修习了相关高中课程和大学先修课程，还在家庭和社会资源的助力之下，进入重点实验室实习，完成并发表了《关于饮用水微型塑料污染》的论文。虽然丁同学就读的是国际学校，但是如果他把这段生涯经历写到"综合素质评价"的第五部分，也一定会令中国的名校刮目相看。

强烈建议各位学生和家长找到你所在省份的综合素质评价实施办法。如果能够从高一开始就利用本书提供的内容和工具，进行科学的生涯规划，你一定会发现综合素质评价的作用不只是一张评估表格，它将为接下来的大学申请铺平道路。综合素质评价除了可以让你找到自己热爱的专业和职业方向，还能让你在"强基计划"、合作办学、境外大学申请上先人一步。

🎯 高中生如何选科

自 2017 年浙江和上海实施新高考以来，全国已经有 29 个省市公布了新高考改革的方案。具体来说，有的省份实施的是"3+3"的方案，即语文、数学、外语三门必选，物理、化学、生物、历史、政治、地理六门中任选三门（浙江省考生还可选技术）。也有的省份实施的是"3+1+2"，即语文、数学、外语三门必选，物理和历史二选一，化学、生物、政治、地理四门中任选两门。

这样的选科安排摒弃了老高考中一刀切式的文理分科，让学生可以更大程度地根据自己的兴趣、爱好、职业目标去学好各门课程。

在实施新高考的省份中，大多数学校会让学生在高一下学期确定自己的高考选科方案，以便能够聚焦相关学科的学习。从生涯规划的角度来看，高考选科是中学生面临的一次重大人生决定。

如果在选科之前能够明确自己的"奥德赛计划"，那么该如何选科就十分清晰了。例如，你的职业梦想是成为一名人工智能专家，本科阶段与其相对应的专业有电子信息、计算机等，除了必选的语文、数学、外语之外，剩下的六门科目之中，必须要选择物理、化学和任意一门其他学科。具体专业对应的选科，可以到各省市教育考试院官网查询，阳光高考网上也汇聚了各省院校的专业选科要求。

有些专业对选科并没有具体的要求，也意味着所有的选科方案都可以。但对于考生来说，仍然不要去随便选，需要综合考量以下两方面因素之后，再做出决定：

1. 高中科目和专业之间的相关性：物理、化学、生物、历史、政治、地理这六门科目（浙江省是 7 门，包括技术）中，哪些科目和自己的专业方向相关性更强呢？也许这没有简单的答案，可以去大学官网查询各个专业提供的课程有哪些，进而判断这些课程和高中科目之间是否相关。还可以找相关专业的大学老师或相关职业的从业人士去了解第一手信息。毕竟要花三年的时间去学习，自己的选科最好和大学专业相关。

2. 哪个科目自己更容易取得高分：无论如何，高考分数都是决定未来专业和大学的最关键因素。自我评估一下，现有的这些科目中有哪些是自己学习起来很轻松且容易取得高分的科目，这可能是你在学习这些科目上有天赋的预兆，它们是你的首选方案。

如何用科学的生涯规划赋能高考志愿填报

在高中阶段，一共有两次重大的生涯决定：选科和志愿填报。之所以称之为重大的生涯决定，是因为这两个决定几乎都是不可逆的，一旦做出决定，之后很难调整或者调整的代价非常之大。

从生涯规划的角度来看，志愿填报是教育规划中的一个重要环节，也是一个技术性很强的任务。毕竟全国有上千所院校、八百多个专业，不同省份和院校还有不同的填报规则，例如专业＋院校模式、院校＋专业组模式、老高考模式。本节不会过多介绍这些模式的区别，会专注于如何利用科学的生涯规划来赋能高考志愿填报。

高考结束后，你会发现很多同学和家长陷入了"哪个专业热门、哪个专业赚钱多、哪个专业是天坑、哪个专业好考公务员"等诸如此类话题的探讨和焦虑之中。如果你此刻已经根据自己的兴趣、能力、价值观清晰了自己的"奥德赛计划"，你会发现志愿填报无外乎根据自己的分数，选择最能帮助自己实现"奥德赛计划"的专业和大学。

以下是关于大学教育和志愿填报的一些重要考量：

院校优先还是专业优先。这件事情没有绝对的答案。以下是我的几点建议，供大家参考。

1. 尽可能要专业优先。如果选择了和自己的"奥德赛计划"不匹配的专业，就意味着你要花四年的时间去学习一些你不喜欢的课程。当你花时间学习自己不喜欢的课程时，别人已经将百分之百的精力花在学习自己喜欢的课程上。时间越长，彼此的差距就会越大。虽然有的大学允许换专业，但通常也会设定一些条件，并不是想换就能换的。

2. 一个职业有多个对应专业：职业和专业的对应关系其实并不是唯一的。以数据科学家为例，计算数学、应用数学、计算机科学、统计、数据科学等多个专业都是和数据科学家相匹配的专业。说得直白一些，这些专业的差别也并不大，只是有些专业课不同而已。如果就读的专业并不能提供你想学的课程，你也完全可以通过网课、公开课、旁听等方式自学。

3. 大学优势学科：本章前部分已经举例分析了中国大学的类型和特点。对于学生来说，应该关注的是报考的学校是否能够在学科或具体专业方向上给到自己足够的支持。

区域机遇。除了要注意大学的学科评估情况，还要特别关注大学所在的城市和区域。每个区域都有专注的发展方向。下面以安徽和深圳为例，让大家了解如何让自己的生涯规划和区域发展建立关联。

据央广网的报道："2023 年，汽车产业被安徽确立为首位产业。在七家整车龙头企业的带动下，安徽建立起全产业链体系，产值达 1.15 万亿元。在安徽，各市都有与新能源汽车相关的配套产业，一辆新能源汽车通过'3 小时产业圈'就能被生产出来。"很明显，如果你在安徽省的大学就读与新能源汽车配套相关的专业，以后在实习、就业、科研方面都有很大的优势。

2022 年 6 月 6 日，深圳市人民政府发布《关于发展壮大战略性新兴产业集群和培育发展未来产业的意见》，即"20+8 产业集群"新政。如果你的"奥德赛计划"和"20+8 产业集群"相关，那么就读深圳、广州等地的大学会让你近水楼台先得月。

如果能够综合考虑上面提到的因素，相信你一定可以结合自己的高考分数，胸有成竹地完成志愿填报。你还可以利用下面这个活动帮助自己梳理一下思路。

活动 6.1
我的"奥德赛计划"和志愿填报

姓名		日期	
"奥德赛计划"名称			
志愿填报思路			
高考分数			
相关专业			
具有学科优势的候选大学			
区域发展优势 （是否有政策支持）			
被候选大学录取概率			
候选换专业政策			
填报结果 （大学、专业、是否调剂）	1. 2. 3. 4.		

你的签名：
日期：

填好之后，打印出来，签上名字，准备开启你的大学探索之旅吧。

第七章

教育规划（国际篇）

本章将从留学目的地和院校、留学的重要考量因素、国际化学校、国际课程和考试、生涯规划和海外升学这五个维度给出一个完整的信息和思考框架，弥补一些信息差和认知差，让大家在留学这件事上少走弯路。

"老何，我孩子现在上高一，有点不想参加国内高考了，要是出国留学的话该怎么规划啊？"我的高中同学王总前段时间打电话问我。

曾几何时，留学是很多人遥不可及的事情。二三十年前，每当我们听到有人是美国某某大学毕业的时候，都会不由自主地竖起大拇指，仿佛留学的人自带光芒、高人一等。那个时候，出国留学的主力军是硕士和博士研究生，很多人都会拿到政府或学校资助的留学奖学金，他们当中的许多人也都曾经是中国大学里的学霸。

在如今快速发展的中国，留学早就不是天才或富豪家孩子专属的事情了。留学不留学、什么时候留学、去哪里留学、如何做好留学准备等这些已成为当下每个中学生都可以去考虑的事情。

熟悉国际教育的行业人士经常会说出"常青藤""哈耶普斯麻""英国 G5""王曼爱华""新二""港 8"，以及托福、雅思、ACT、SAT、A level、IB、美高、AP、OSSD 等诸如此类令外行人不知所云的词语。在这个消息碎片化横行的时代，如果对国际教育的基本框架缺少了解，很容易因为信息差陷入焦虑和内耗中，也会在不知情的情况下，就轻易地拍脑门做出重大的教育规划决定。

各国的教育体制和留学情况极其复杂，绝不是一个章节就能完全讲清楚的。本章将从留学目的地和院校、留学的重要考量因素、国际化学校、国际课程和考试、生涯规划和境外升学这五个维度给出一个完整的信息和思考框架，弥补一些信息差和认知差，让大家在留学这件事上少走弯路。

🎯 留学目的地和院校

美国、加拿大、英国、澳大利亚、新加坡、日本、韩国以及中国香港等，光是看到这些国家和地区的名字就令人眼花缭乱了。该去哪个国家或地区留学呢？这是每个想要留学的学生都必须考虑的问题。留学目的地的选择无疑是人生的重大抉择。一旦选错了，重新选择就意味着在时间和费用上付出极高的代价。

本小节将和大家介绍一些主要留学目的地高等教育的主要特点和优劣势。

美国留学

美国是全球最大经济体，其高等教育也堪称全球典范。

美国的大学主要分为国家性大学、社区学院、文理学院这三类。

○ **国家性大学**（National University）：《美国新闻与世界报道》（*U.S. News & World Report*）每年都会发布国家性大学的排名，我们耳熟能详的美国大学通常都在这个类别里，例如哈佛大学、普林斯顿大学、麻省理工学院等。需要注意的是，这个排名其实并不是美国所有大学的排名。国家性大学提供全方位的本科、硕士研究生、博士研究生项目，以科研为主。对于有意留学美国的学生来说，可去《美国新闻与世界报道》的官网（https://www.usnews.com/education/rankings）查询最新排名情况。

○ **文理学院**（Liberal Arts College）：许多中国家长和学生对美

国文理学院了解甚少，在国家性大学排名的清单上也见不到此类大学的身影，这是因为文理学院只提供本科项目（不提供研究生项目），不参与国家性大学排名。但这并不意味着文理学院就比不上国家性大学排名清单上的那些学校。许多名人都毕业于文理学院，例如希拉里·克林顿、冰心、宋美龄曾就读的卫斯理女子学院。有的文理学院申请难度不低于哈佛大学、普林斯顿大学等国家性大学。这些学校通常规模不大，采用小班授课，注重通识教育（又称博雅教育），关注学生的全面能力培养。这和一些国家性大学有超大校园，动辄儿百人一起上课的场景形成了鲜明的对比。如果你喜欢博雅教育、喜欢小班授课的个性化教育，本科阶段可以考虑就读文理学院，研究生阶段再申请大家耳熟能详的国家性大学。

○**社区学院**（Community College）：社区学院是美国特有的教育类型，有点类似我国的专科院校。美国的社区学院只提供两年制的课程，相当于大二结束就毕业了，毕业生可获得副学士学位。之后既可以选择继续上四年制的大学深造，也可以选择直接就业。如果选择继续深造，可以凭借在社区学院就读期间的成绩以转学生的身份申请转入四年制大学就读。美国的社区学院和许多四年制大学都有转学分协议，即学生凭借在社区学院获得的两年学分可以转入四年制的大学，这意味着学生只需再花两年时间就可以获得本科学士学位。这听起来貌似没有什么特别的，但实际上，社区学院给国际学生提供了通向美国名校的阳光大道，主要考量有三：

1.社区学院的申请难度很低，只需要基本的托福成绩就可以；

2. 社区大学的学费一般都远远低于美国四年制本科大学；

3. 社区学院毕业后，可以用转学生的身份直申四年制大学的大三，在 GPA（大学期间成绩）较高的情况下，被名校录取的可能性很大。

除了上面提到的国家性大学、文理学院、社区学院之外，美国还有许多地区性大学（Regional University）。地区性大学以本科教育为主，提供少量的研究生项目，介于国家性大学和文理学院之间，是在特定地区具有较大影响力的大学。《美国新闻与世界报道》对此类大学也有专门的排名。

另外，美国大学还可以划分为私立大学、公立大学。公立大学的经费主要来自州政府税收拨款，私立大学的经费主要来源于社会捐赠。"常春藤联盟"（Ivy League）就是由美国的八所顶尖私立大学组成的，分别是哈佛大学、宾夕法尼亚大学、耶鲁大学、普林斯顿大学、哥伦比亚大学、达特茅斯学院、布朗大学、康奈尔大学。与此相对应的还有 31 所公立常春藤（Public Ivy）大学，指的是综合水平很高的公立大学，加州大学伯克利分校是在公立大学中排名最高的大学。

美国留学的花费相差很大，纽约大学一年花费预计高达 9.3 万美元（约 67 万元），中西部的一些地区性大学仅需 4 万美元（约 29 万元），社区学院的费用则更低。

美国大学本科为四年制，学完规定的本科学分即可毕业，学得快不用四年就能毕业，课程分为通识课、专业课、选修课。进入美国大学后，换专业是很容易的事情（特殊专业除外），只需要修满相关的学分，即可获得该专业的学位。所以获得双学位，甚至三学位的情况都不少见。如果专业目标不明确，也可再以"不确定专业"
（Undecided）的方式申请大学，进入大学就读一段时间之后，再确
定就读的专业。可以看出，美国大学给学生选择专业留出了很大的
灵活度。

英国留学

英国是传统的教育强国。留学生为英国带来了丰厚的经济收入，
教育也已经成为英国的重要产业之一。2024 年 QS 世界大学排名 [1] 前
100 院校中，英国大学的数量仅次于美国。我们耳熟能详的牛津大
学、剑桥大学更是常年占据世界大学前三的位置。

英国本科的学制通常为三年（个别专业和苏格兰地区的大学除
外），这和中国、美国的四年制本科有很大的不同。三年制的本科意
味着大学阶段将专注于专业课的学习，留给学生进行其他方向探索
的时间不多。如果你的职业目标明确，那么在英国就读无疑让你能
够更加专注专业课的学习，且能够更快地获得本科学位。当然，这
也是一把双刃剑。在英国上大学换专业是非常不容易的事情，换专
业的申请通常是按个案处理。如果你的职业和专业目标不明确的话，
一旦选择了不喜欢的专业，则很难在大学期间换专业。

在中国留学圈，流传着"牛剑""G5""王曼爱华""罗素集团"
这样的大学集团。"牛剑"指的是英国最古老的两所大学：牛津大
学、剑桥大学。这两所大学的申请难度无疑也是最大的。"G5"指的
是牛津大学、剑桥大学、帝国理工大学、伦敦政治经济学院（LSE）、

1　Qs World University Rankings，是由英国教育机构 Quacquarelli Symonds（简称
QS）发布的全球性大学排名体系。

伦敦大学学院（UCL）这五所英国顶尖的大学，牛剑之外的这三所大学申请难度也是极高的。"王曼爱华"指的是伦敦国王学院、曼彻斯特大学、爱丁堡大学、华威大学这四所大学，排名均为全球前50，在全世界认可度极高。"罗素集团"大学是由英国最顶尖的24所大学组成。更多英国大学排名的信息可以参照QS世界大学排名、英国的《泰晤士报》大学排名、英国卫报大学排名。

英国留学每年的花费一般在20万~50万元之间，总体上略低于美国。

加拿大留学

除了美国之外，加拿大就是北美地区另外一个重要的留学目的国了。加拿大的高等教育由专科院校（College）和本科院校（University）组成。专科院校和美国大学的社区学院类似，学制为2~3年，注重职业培训和实践能力的培养，毕业后也可以通过转学分体系转入本科院校。

加拿大的本科院校以公办大学为主。在2024年QS世界大学排名前600中，有19所加拿大的大学入选，其中排名前120名的包括多伦多大学、麦吉尔大学、英属哥伦比亚大学、阿尔伯塔大学、滑铁卢大学、西安大略大学。

加拿大的本科也是学分制，根据要求的学分不同，又分三年制和四年制。通常，三年制本科毕业授予普通学士学位，四年制本科毕业授予荣誉学士学位。若要继续就读研究生的话，通常需要拥有荣誉学士学位。

加拿大大学的申请难度远远低于美国的顶尖大学。以加拿大排名第一的多伦多大学为例，该校在 2022 ~ 2023 学年有 15717 名中国学生在读，全校注册学生总人数为 97678 人。相比之下，根据国内一些媒体进行的不完全统计，美国常春藤联盟大学的 8 所学校每年从中国录取的总学生人数仅 400 名左右。

加拿大留学的整体花费略低于美国，一年的总花费在 30 万 ~ 40 万元之间。和美、英相比，加拿大的移民政策相对宽松，本科毕业后相对容易申请并获得加拿大工作签证。

澳大利亚留学

凭借全球一流的高校、优美的学校和生活环境、相对宽松的工作签证和移民政策，近二十年来，澳大利亚成为中国学生的主要留学目的地。

澳大利亚全国总共有 42 所大学，其中 37 所为公办大学，其余 5 所为私立大学。知名度和综合排名最高的 8 所大学被称为"八校联盟"（Group of Eight），分别是墨尔本大学、新南威尔士大学、悉尼大学、澳大利亚国立大学、蒙纳士大学、昆士兰大学、西澳大学、阿德莱德大学。这 8 所大学也全部进入了 2024 年 QS 世界大学排名前 100 的大学行列。

澳大利亚大学本科学制通常为三年，要获得荣誉学士需花四年的时间。每年的总体花费在 40 万元左右。

澳大利亚大学虽然在世界上排名很高，但总体申请难度不高。每年都有大量的中国学生被录取。许多大学还提供预科项目，让不符合直录资格的学生就读。

新加坡留学

新加坡国土面积虽小，但却是亚洲首屈一指的发达国家，人均 GDP 常年在亚洲排名第一。新加坡不但是国际金融中心，还是全球重要的服务和航运中心。

新加坡的高等教育也拥有得天独厚的优势。在 QS 世界大学排名中，新加坡国立大学和南洋理工大学常年排名世界前 30，新加坡国立大学更是常年排名亚洲第一。新加坡拥有极好的文化包容性，华人占到了总人口的 76%，其国内政治稳定，社会安全度高，再加上离中国较近、留学费用相对较低，新加坡成了中国学生首选的亚洲留学国家。

新加坡高等教育由公立大学、源流型大学、理工学院、私立院校组成。公办大学一共有 6 所，分别是新加坡国立大学、南洋理工大学、新加坡管理大学、新加坡科技设计大学、新加坡理工大学、新跃社科大学。源流型大学指的是国外大学在新加坡开设的分校，类似我国的中外合办学校。理工学院类以就业为导向，类似于我国的大专。私立学校数量众多，不隶属于新加坡教育部。

新加坡公办大学的学制一般为四年，私立大学一般 2~3 年即可毕业。作为新加坡国内大学的翘楚，新加坡国立大学和南洋理工大学一向是中国学生最向往的大学，当然申请难度也相对较高。

新加坡的总体留学费用每年约为 20 万~40 万元，在诸多留学目的地当中属于性价比较高的。

中国香港及澳门留学

近几年来，随着粤港澳大湾区建设的深入推进，港澳与内地之间的交流愈发紧密。粤港澳大湾区已形成通信电子信息产业、新能源汽车产业、无人机产业、机器人产业以及石油化工、服装鞋帽、玩具加工、食品饮料等产业集群，是中国建设世界级城市群和参与全球竞争的重要空间载体。2023年，粤港澳大湾区经济总量超14万亿。经济发展，人才先行，近几年来，香港和澳门的留学市场愈发火热了。

中国教育部批准以下15所香港的大学可以在内地招生：香港大学、香港中文大学、香港科技大学、香港理工大学、香港城市大学、香港浸会大学、岭南大学、香港树仁大学、香港高等教育科技学院、香港公开大学、香港教育大学、香港演艺学院、香港恒生大学、珠海学院、东华学院。前五所入选了2024年QS世界大学排名前100。以下澳门的大学可以在内地招生：澳门大学、澳门科技大学、澳门理工学院、澳门旅游学院、澳门镜湖护理学院、澳门城市大学。

香港和澳门留学的总体花费相对较低，每年基本在20万～30万元。在香港的大学毕业后，很容易申请就业签证，在香港待满7年后还可以拿到香港的永居身份，成为新香港人。

其他国家和地区

除了上面提到的中国学生流行的留学目的地之外，也有许多中国学生选择去日本、韩国、东南亚各国、欧洲各国留学。这里就不逐个介绍了。通常来说，欧洲各国的大学对国际学生实施低学费或免学费的政策，不过要求学生掌握当地的语言（德语、法语等），语言关是摆在中国学生面前的一道难题。日、韩的留学费用也相对不高，同样需要过语言关。国内一些国际化高中开设欧洲、日韩等方向的课程，实际上就是在高中阶段进行语言强化。

🎯 留学的重要考量因素

院校排名

QS 世界大学排名（网址是 www.qschina.cn）和软科世界大学学术排名（网址是 www.shanghairanking.cn）都是非常好的参考标准。另外，在选择美国和英国大学的时候，《美国新闻与世界报道》大学排名（网址是 www.usnews.com/best-colleges/rankings）、英国泰晤士高等教育大学排名（网址是 www.timeshighereducation.com/cn/world-university-rankings）也是重要的参考标准。

专业排名

除了关注院校排名之外，专业排名更是和生涯规划息息相关的。上面提到的多个排名机构还提供不同学科或专业的排名。在选择大学和专业的时候，务必在综合考虑院校排名和学科或专业排名之后，再做出决定。

留学费用

不同国家和地区的留学费用差异巨大，从每年 10 万元到 100 万元都有可能。在决定的时候，要充分考量经济承受能力，切不可砸锅卖铁就为孩子留学。

就业 / 移民政策

毕业后是否能够在当地就业、当地的产业是否能够支持自己的职业发展也是重要考量标准。很明显，如果你希望毕业后在粤港澳大湾区就业，且大湾区能在你希望就业的领域提供大量工作机会，那么香港、澳门的大学无疑让你能够近水楼台先得月。如果你希望在美国硅谷的高科技企业就业，那么加州的很多大学都有得天独厚的优势。是否能够获得工作签证也是选择留学目的地的重要考量标准，在留学前就应查阅好各个留学目的地的工作签证政策。

学术诚信

和国内高考千军万马过独木桥的景象相比，被世界排名靠前的境外大学录取貌似并不是特别难。每年国际化学校发布录取榜单的时候，都能够看到许多学生被牛津大学、剑桥大学、帝国理工大学、悉尼大学、多伦多大学录取。

被录取了就一定能够毕业吗？事实上，许多境外大学采用的都是宽进严出的政策，即录取的时候条件放宽，就读的时候考查极为严格。这和中国大学的严进宽出有着本质的区别。在境外大学，每年都会有大量的中国学生因学业不佳无法毕业，被学校劝退或开除的情况也不罕见。早在 2015 年，就有报告指出，美国每年有八千多名中国留学生被劝退。被劝退的主要原因是学术不诚信。

学位认可

并不是所有的境外大学都是中国教育部认可的。在选择境外大学之前，务必进入中华人民共和国教育部教育涉外监管信息网（www.jsj.moe.gov.cn）查询该大学是不是在教育部认可的名单之内。如果一不小心选择了教育部不认可的境外大学，就意味着毕业后的学位在国内不受认可，无法在国内完成学位认证，享受不到留学生毕业回国后的一些优惠政策，例如落户、考公、人才引进、减税等，在就业的时候也很难得到企业的认可。

🎯 国际化学校

进入 21 世纪后，随着去境外留学的需求增加，国内开始陆续出现许多以国际课程为特色的中学，于是民间就把在中学阶段开设国际课程的学校称为"国际化学校"（International School）。国际化学校一共分三类：

1. 外籍人员子女学校：这类学校是专门为外籍人员的子女开设的，一般不招收中国公民。
2. 民办国际化学校：这些学校是由传统的民办学校转型而来，其授课重心转为以国际课程为主、国内课程为辅的体系。学校自主招生，招生对象主要为全国各地希望在本科阶段留学的高中生。录取一般参考中考成绩和校考成绩及面试表现。
3. 公办高中国际部/国际班：2005 年之后，在得到教育主管部门批准后，全国各地许多公办高中陆续开设国际部，为公办高中的学生提供国际、国内融合课程。招生名额由当地教育主管部门限定，招生对象一般为当地的初中毕业生。录取也参考中考成绩和校考成绩及面试表现。

在生涯规划领域，学校的选择、国际课程体系的选择是重大的人生抉择，一旦选择不适合自己的学校和课程，想要调整需要花费极大的代价。找我咨询过的一个学生小马就有这样的经历。小马在数学、物理、生物方面都有着浓厚的兴趣，在其他学科方面却意兴阑珊，他的理想是进入英国的伦敦大学学院（UCL）就读生物科学。初中毕业后，在朋友的介绍下，他选择了一所提供美国高中课程的学校。他完全适应不了美国高中课程体系下的多维度评估，各种课堂讨论、论文、小考、课外活动让他应接不暇，不但没法把时间和精力聚焦在自己喜欢的学科上，GPA（在校平均成绩）也一塌糊涂。在高一下学期快结束的时候，他才发现 A level 课程体系更加适合自己。这种课程体系能让自己完全专注于学习自己喜欢的学科，也能更好地为申请英国伦敦大学学院做好准备。经过一年的挣扎，小马决定转入一所提供 A level 课程的国际学校，重新就读高一。这样的选择，让小马付出的代价是一年的时间和将近 30 万元的学费。

在接下来的这个小节，我将详细分析在中国市场上广为流行的各种国际课程和国际考试，以便选择适合自己的国际化学校、课程和考试，在教育规划上少走弯路。

🎯 国际课程和国际考试

IBDP 课程

IBDP 课程的全称是"International Baccalaureate Diploma Programme"，也被称为"IB 高中文凭课程""IB 大学预科课程""IB 课程"。该课程是由国际文凭组织（IBO）推出的两年制高中课程（相当于国内高中的高二、高三）。

有很多人说 IB 课程是面向外交官的孩子的，这一点其实没有错，至少在 IB 课程发展的早期阶段是这样的。我们设身处地地想一下，如果一个外交官被先后派往中国、日本、美国任职，那么他的孩子在教育上一定会面临巨大的问题。很难想象一个学生先后接受四年中国教育、四年日本教育、四年美国教育之后会变成什么样子。IB 课程正是给这些外交官和外籍工作人员的孩子提供一个全球统一的、符合严格标准的、可无缝迁移且受全球大学认可的课程体系。

那么，什么样的学生适合就读 IB 课程呢？这一点，从 IBO 官方对 IB 学生画像的描述中，我们可以一窥究竟。

特征	描述
探究者	我们培养好奇心，发展探究和研究的能力。我们知道如何独立学习，也知道如何与他人合作学习。我们怀着热情学习，并在一生中保持对学习的热爱。
知识渊博	我们发展并运用概念理解，探索跨越各个学科范围的知识。我们积极探究在本地和全球层面具有重大意义的问题和想法。
思考者	我们运用批判性和创造性思维来分析复杂问题，并负责任地采取行动。我们会主动地做出理性的、道德的决策。

特征	描述
交流者	我们运用多种语言和方式去自信、创造性地表达自己。我们高效合作，认真倾听其他个人和群体的观点。
有原则	我们诚实守信，具有强烈的公平正义感，尊重所有人的尊严和权利。我们对自己的行为及其后果负责。
开放心态	我们以思辨的态度去欣赏自己的文化和历史，以及他人的价值观和传统。我们去发现和评估各种观点，并在过程中成长。
关心他人	我们心怀同理心、怜悯和尊重。我们致力于服务社会，并采取积极行动，为他人和周围的世界带来积极影响。
冒险家	我们以审慎和果敢应对各种不确定性。我们独立或合作地探索新思想和创新策略。在面对挑战和变革时，我们充满机智和韧性。
平衡者	我们理解平衡生活中不同方面（智力、身体和情感）的重要性，以实现自己和他人的幸福。我们认识到在这个世界上我们和他人相互依存。
反思者	我们深度思考这个世界以及自己的思想和经验。我们努力了解自己的优点和缺点，以支持我们的学习和发展。

上表中的 IB 学生画像很好地体现了 IB 课程全人教育的理念。可以说，除了强调知识和技能之外，IB 学生应具有好奇心、同理心等重要性格品质，关注社会、情感和身体健康，并且尊重本国和其他国家、民族的文化及传统。

你觉得自己符合 IB 学生画像吗？如果现在不符合，你是不是希望自己成为这样的人呢？如果答案是肯定的，那么 IB 课程很可能是适合你的。

IB 课程是面向 16～19 岁学生的高中文凭项目，国内的学校一般在高二、高三实施。为了能够培养出符合 IB 学生画像的学生，IB 课程由六大学科组课程（Subject Groups）和三大核心模块（DP Core）组成。六大学科组分别为：

- 第一组：语言与文学
- 第二组：语言习得
- 第三组：个体与社会
- 第四组：科学
- 第五组：数学
- 第六组：艺术

这六大学科组涵盖了语言、历史、地理、经济学、哲学、心理学、物理、化学、生物、计算器科学、设计技术、环境系统和社会、数学研究、数学法、美术设计、音乐、戏剧艺术等三十多门课程。学生需要从六大学科组中选择六门课参加最后的 IB 考试，这六门课至少涵盖五个专业组（艺术学科可不选），且至少三门要求为高阶课程（HL），另外三门为标准课程（SL）。

除了上面六大专业组的课程，IB 学生还需要参加三大核心模块，分别为：

- 知识论（TOK：Theory of Knowledge）
- 拓展论文（EE：Extended Essay）
- 创造、行动、服务（CAS：Creativity, Activity, Service）

这三大核心模块的目的是拓宽学生的学习经历，考查其在实际场合运用知识的能力。知识论（TOK）启发学生反思知识的本质，建立跨学科之间的联系，并完成 1200~1600 字的论文。拓展论文（EE）堪称 IB 课程的毕业论文，学生需要独立完成一项研究并撰写 4000 字的论文。创造、行动、服务（CAS）则在学术课程之外为学生提供更多成长机会，通过一系列艺术、体育和社会服务活动，让学生在活动中学习和了解这个真实的世界，并从中获得个人成长。

IB 课程的理念无疑是非常先进的。这样的课程体系让高中阶段的学生能够看到更广泛的学术领域，突破学科边界，并在过程中帮助学生构建面向未来的核心能力。

这么好的课程是不是所有人都适合学呢？

其实不然。IB 课程堪称国际课程中难度最高的课程。全人教育的理念当然是好的，但并不见得适合所有的学生。在生涯规划领域，我们通常会强调长板效应，即每个人都有自己擅长和有优势的领域，也就是自己的长板。生涯规划的重中之重在于找到自己热爱且擅长的领域，并持之以恒，而不是花大量的时间和精力去补自己的短板。我个人非常赞同 IB 课程体系的理念和方法，但也深知很多中国学生并不适合这样的课程。丰富且有深度的课程、活动，为学生提供了多元发展的机会，但也意味着学生要在多个维度全方面发展，在整个学习过程中接受过程性和总结性的考评。就六大学科组的课程来说，除了有学校授课老师的过程性考评，还有 IBO 官方组织的大考。核心模块中的知识论和拓展论文则需要学生展现极强的跨学科能力、钻研能力、英文学术写作能力。创造、行动、服务（CAS）虽然没有大考，但是过程性表现也会被计入最终的总成绩。对于英语综合水平不高，且在学科方面拥有明显短板或偏科的学生来说，参加 IB 课程不见得是一段令人兴奋的旅程，反倒可能在各种正式、非正式考评中，让自己手忙脚乱，难以专注于自己真正喜欢和擅长的领域，最终导致总成绩不理想，在大学申请中处于不利的位置。

A level 课程

A level 是源自英国的课程体系，全称为 General Certificate of Education Advanced Level，简称为 GCE A level 或 A level，即英国高中高级学历课程。A level 课程可以理解为英国的高中课程，A level 考试则被称为"英国高考"。这里给"英国高考"带了引号，因为"英国高考"（包括后面要讲到的"美国高考"ACT、SAT）在境外大学申请中起到的作用不能等同于中国高考在中国大学申请中的作用。

在英国，有 7 个考试局管理和提供 A level 课程和考试。目前三个英国考试局已经进入中国市场，分别是剑桥大学国际考评部（CIE）、爱德思（Edexcel）、牛津 AQA。据不完全统计，各个考试局总共推出了超过 100 门 A level 课程和考试。以剑桥大学国际考评部为例，该考试局共推出 55 门 A level 科目供选择，分布在创意与职业、英语语言与文学、人文与社会科学、语言、数学、科学这六个学科组。CIE 将 A level 考试分数分为 A* 级到 E 级，其中 A* 级表示最高成绩，E 级表示符合要求的最低成绩。在申请大学时，学生只需要提交三到四个科目的 A level 考试成绩。

A level 课程也可以说是在全球应用最广的国际课程体系。仅剑桥大学国际考评部一家考试局的 A level 课程就有全球 160 多个国家超 10000 所学校提供。在中国，A level 课程也是国际化学校最广泛采用的国际课程体系。据相关报道，截至 2022 年，国内共有 572 所学校获得 A level 课程授权，占到了所有国际化学校的 54.9%。

A level 课程如此火热，以至于有人喊出了"A level 课程是最适合中国学生的国际课程"。事实真的如此吗？

A level 课程涵盖的科目非常广泛，但学生在大学申请时，通常只需要提供三到四个科目的 A level 考试成绩，这就导致学生将高中的大部分时间和精力专注于少数的几门课上。事实上，大部分中国的 A level 学校也将教学重心放在传统的数学、物理、化学等中国学生相对擅长的科目上，以便学生考出好的 A level 成绩去申请大学。这也是为什么有些人喊出"A level 课程最适合中国学生的国际课程"的原因。中国学生擅长数理化，中国学生擅长考试，用准备中国高考的方式去准备 A level 考试，考出好成绩，上境外名校。这个逻辑看起来无懈可击，但在我看来，选择 A level 课程是一把双刃剑。下面我从教育过程和大学申请两个角度进行剖析，希望给到大家一些参考。

教育过程：正如上面所述，参加 A level 课程的学生会将大量的时间和精力投入少数几个科目的学习和考试准备上，尤其是中国学生擅长的数理化等科目。对于学科或职业兴趣明确，尤其是擅长理科的学生来说，就读 A level 课程意味着可以在高中最后两年专注于学习自己喜欢的三四个科目，其他不喜欢的科目几乎可以忽略不计，在这几个科目上考出好的 A level 成绩，就有很大可能性被全球名校录取。反之，如果学生暂时并没有决定把兴趣聚焦在某一个或几个学科领域，希望在高中阶段通过多样的课程和活动全方面探索自己可能感兴趣的领域，那么上面提到的 IB 课程和接下来要介绍的美高课程可能是更优选择。需要强调的是，A level 课程里面不仅包括数、理、化等科学科目，也包括众多语言、文学、社会科学、艺术等科目，只不过在这些科目上很多中国学生并不具有优势，取得 A level 高分并不容易，导致很多开设 A level 课程的学校并没有把重心放在这些科目上。

大学申请：虽然 A level 课程广受全球大学的认可，但就实际的大学录取结果上看，A level 成绩在申请英联邦国家和地区时具有得天独厚的优势，但在申请美国大学上不见得具有此等优势。这主要是因为英美大学录取机制不同。英国和原有英联邦国家和地区的大学在录取的时候主要参考学生在高中阶段的学术成绩，A level 成绩是其认可的重要标准之一。与英国大学在录取过程中更依赖学术成绩相比，美国大学在录取过程中采用的则是"整体评估"（holilstic review），除了提交学术成绩（A level、高中成绩单、AP 等）之外，申请人还需提交"美国高考"ACT 或 SAT 成绩、推荐信、申请文书等资料。简而言之，如果学生的理想大学是英国或原英联邦国家和地区的大学，那么 A level 课程会让其在申请上拥有独特的优势。如果学生的理想大学是美国的大学，那么 A level 课程并不见得是最优选择。这并不意味着学 A level 的学生不会被美国名校录取。大学录取是非常复杂的过程，本书无法通过这一个小节进行彻底的阐述，这里给出的也仅是一般性建议。

AP 课程 / 美高课程

在国内，AP 课程与 IBDP 课程、A level 课程一起被称为三大主流国际课程体系。这种说法其实并不准确。从严格意义上来说，AP 本身并不是一个完整的高中课程体系。AP 课程是 Advanced Placement Program 的简称，即大学先修课程。该课程是由美国大学理事会（College Board）主办的高中大学预修课程，旨在向学有余力的高中生提前学习大学水平的内容。

美国大学理事会提供包括宏观经济、微观经济、微积分、物理、化学、生物、统计学、美国历史、世界史等 40 门 AP 课程和考试。

从大学申请的角度来看，虽然 AP 考试成绩并不是美国大学申请中的必要条件，但许多美国大学在其官方网站将 AP 考试作为"建议提交"的选项。正如我在前文所言，美国大学的录取采用的是"整体评估"，其录取决定并不仅仅因为学生在某一项考试中成绩突出。尽管如此，如果能够在 AP 考试中考出优异成绩，至少能够向大学证明你已经具备大一水平的学术能力，在申请中总会有些助力。

虽然 AP 考试主要用于申请美国大学，但是英国、澳大利亚、加拿大等美国以外的许多大学也认可 AP 考试。以牛津大学为例，如果申请人没有 A level 成绩，可以用 AP 和 ACT 或 SAT 成绩替代，不同专业的具体要求不同。

国内大多数开设 AP 课程的学校采取的是下面两种办学模式。

AP+ 中国高中的融合课程：大多数公办高中国际部（国际班）采取的都是这种模式。公办高中国际部（国际班）的开设须得到当地教育主管部门正式审批，学校须按规定提供中国普通高中课程，入读的学生也须参加并通过高中学业水平考试（会考）。学校在提供中国普通高中课程的同时，会融入以英文授课为主的 AP 课程和语言课程，以便为学生前往境外大学读书做好准备。

AP+ 美国高中课程：许多民办的国际化学校采用的都是这种办学模式。实际上，AP 课程在美国的高中就是这样实施的。美国高中课程与中国高中课程有很大的区别。美国没有国家性的统一高中课程体系，高中课程的开发和考核都是由各学区和学校自主负责，这个状况一直持续到 21 世纪初。国内有许多国际化学校同美国高中合作，在国内提供美国高中课程，简称美高课程。虽然美国很多州都采用了 CCSS（共同核心州立标准，是美国 K–12 阶段的统一学术标准。），但各州选择实施的标准不同，每所美国高中实施的具体课程也不尽相同，不存在统一的美高课程。

美高课程面向 9～12 年级的学生，其课程由常规课程、荣誉课程和 AP 课程组成，修满足够的高中学分就可获得美国高中毕业证。可选择科目范围也非常广泛，涉及英语、数学、历史、社会科学、自然科学、语言、艺术等众多类别。荣誉课程可以理解为难度更高的高中课程，AP 课程则是比荣誉课程更难的大学先修课程。学生可以根据自己的兴趣和需求去选择相应的课程。

美高课程十分注重过程性评估，每门课的考试分数由课堂表现、论文、演讲、小考、期中 / 期末考等多种形式组成。最后的高中成绩单上会显示各科成绩和 GPA（平均成绩点数）。越顶尖的大学，对申请人高中 GPA 分数的要求也越高。

美高课程允许学生在不同的学科领域充分探索，除了常规的必修课和选修课之外，学校还会提供各种学科外的活动和竞赛。从某种程度来看，美高课程和 IB 课程更加接近，只不过 IB 课程的学生需参加 IBO 官方组织的大考，美高课程的学生成绩主要是由任课老师来认定（AP 考试除外）。

加拿大高中课程

除上面的三大主流国际课程之外，国内还有许多国际化学校提供加拿大高中课程。加拿大高中课程和美国高中课程类似，也采用学分制，面向 9～12 年级的学生，开设科目广泛，包括英文、法语、数学、科学、历史、地理、艺术、健康、社会学、职业发展等。学生在修满足够学分之后，即可获得加拿大高中毕业文凭，并凭借高中成绩申请大学。在课程学习的过程中，也是强调过程性评价。

加拿大高中课程标准由加拿大各省教育主管部门负责。目前在中国市场上较为流行的有两大课程，分别是安大略省高中文凭项目（简称 OSSD 课程）和不列颠哥伦比亚省高中课程（简称 BC 课程）。其中 OSSD 课程并没有最后的结业考试，而 BC 课程则有"省考"（即加拿大 BC 省教育局统一出卷的考试）。

在大学申请方面，加拿大高中课程在加拿大大学的申请上无疑有着得天独厚的优势，因为学生注册的是加拿大高中的学籍。如果能够在 OSSD 课程或 BC 课程中取得优异的成绩，被加拿大著名大学录取的可能性非常大。当然，凭借加拿大高中文凭也可以申请其他境外大学，只不过在大学申请上并不比 IBDP、AP、A level 等课程拥有额外的优势。

语言考试

去境外留学，无论就读高中、本科还是研究生，都需要参加有针对性的语言考试。在国内，涉及英语考试的主要有托福、雅思、PTE、多邻国，其中雅思和托福考试是全球认可度最高的出国英语考试，PTE 考试和多邻国考试也被越来越多的大学所接受。如果去非英语国家的大学留学，则需要提供该国要求的语言考试，例如韩国的 TOPIK 考试、德国的 DSH 考试等。

国内的国际化学校基本都会在正常的高中课程基础上提供语言类的课程，以帮助学生通过语言关。

ACT/SAT 考试

ACT 和 SAT 被称为"美国高考"。这里的"美国高考"也是带引号的，因为美国并不存在和中国高考作用一样的考试。ACT 和 SAT 考试成绩是大学录取时参考的重要因素之一，并不是唯一。

无论是 ACT 还是 SAT，考试主办方都并不是美国教育部或其他教育主管部门。ACT 考试的主办方是 ACT 公司，SAT 考试的主办方是大学理事会（College Board）。ACT 公司和大学理事会都是美国的非营利性组织，都不是政府组织，也不能代表任何美国大学。

很多人问我到底是该考 ACT 还是 SAT。除了考试形式有所不同之外，ACT 和 SAT 在本质上没有太大的区别。想知道自己更适合哪个考试，可以分别进行 ACT 和 SAT 的真题模考，在没有备考的情况下看哪个考试的模考成绩更好，再进行判断。

近几年来，美国大学对 ACT 和 SAT 考试在录取中起到的作用主要分成以下四类：

必须提交：申请人必须在申请资料中提交 ACT 和 SAT 两者中的一个，不提交的话，大学不会考虑录取。

可选择提交：申请人可以自主选择提交或不提交 ACT 或 SAT 成绩。如果没有 ACT 或 SAT 成绩的话，申请人通常要通过其他的方式来证明自己的学术能力，例如高 GPA、难度高的课程、知名竞赛获奖等。

完全不用提交：大学在录取过程中完全不考虑 ACT 或 SAT。即便申请人提交了极高的 ACT 或 SAT 成绩，也不会在申请中有加分的作用。

灵活提交：如果没有 ACT 或 SAT 成绩，申请人可选择其他国际考试成绩来替代，例如 IBDP、A level、AP 等。

除了美国大学之外，ACT 和 SAT 也被英国、加拿大、澳大利亚、新加坡、中国香港等国家和地区的大学认可。

生涯规划和境外升学

通过前面的内容，相信大家对留学涉及的考试、课程、国际化学校、境外大学、国家和地区等信息有了一些基础的了解。你可能也会有信息爆炸的感觉，貌似各个学校、各个课程、各个考试都很好，也都很重要，各方面需要了解的信息太多了，这让你很难合理地去分析和判断。

毋庸置疑，留学是一项重大的生涯决定，切记不可在没有充分了解的情况下就轻易地做决定。下面我给出了想走海外升学的高中生生涯和升学规划的基本思路，供大家参考。

1. 根据前四章的内容，确定自己的人生"奥德赛计划"和职业目标；
2. 了解该职业领域在哪个国家的发展更加先进，该国家即可初步定为留学目的国；
3. 考虑我国在该领域是否受到国外制裁等外部因素；

4. 根据自己的真实情况（成绩、综合实力、支付能力等）确定理想大学和专业；

5. 根据留学目的国、大学、专业的实际情况，选择适合的国际课程和国际考试；

6. 在整个高中阶段，除了正常的课业学习之外，通过竞赛、实习、社会实践、项目制学习、科研等方式深度探索自己的职业目标，并取得可视化成果（如论文、报告等）；

7. 提交大学申请资料。

小然是一名普通高中学生，经过生涯探索后，她将职业梦想定位为中国的航天科学家。那么本科阶段留学应该是她的第一选择吗？她通过和航天领域研究人员的访谈了解到，国内涉及航天方面的研究所和企业会倾向于招募"国防七子"毕业的学生，这些学校都是原国防科工委下属的高校。另外美国正在对中国这方面的高校进行制裁，中国学生在美国可能无法学到相关专业，也无法在涉及航天领域的美国机构工作。所以，对小然来说，留学这个选项从一开始就被否了。她的理想大学是哈尔滨工业大学。

让我们举另外一个例子，小拔是广东某初中的初三学生，从小对数字和金融有浓厚兴趣，立志在金融领域有所成就，未来希望在国际金融领域叱咤风云。他的数理化成绩优异，但是不喜欢参加社会活动，且对艺术、文学类科目也毫无兴趣。他现在即将升入高中，面临的选择是上普高还是上国际化高中。如果上国际化高中的话，该选择什么国际课程和学校。下面我们一起帮小拔做出他的生涯决策。

1. 是否留学？

决定：选择高中毕业后留学。

分析：小拔不想在国内 "卷" 高考，留学也有助于他实现目标。

2. 选择什么国际课程体系？

决定：选择 A level 课程体系。

分析：小拔偏科严重，IB 课程和美高课程都强调全面发展和过程性评估，并不特别适合。A level 课程让他可以将主要的时间和精力放在自己喜欢的科目上。

3. A level 那么多科目，该选择哪几门科目？

决定：从数学、高等数学、计算机科学、商业、经济学中选择三到四门科目。

分析：这些 A level 科目都是和金融密切相关的，可以让小拔提前学习相关知识，也能让自己在大学申请中更有竞争力。

4. 选择什么大学？

决定：纽约、中国香港、伦敦地区的大学和新加坡的大学都可申请。

分析：全球的知名金融中心有纽约、伦敦、洛杉矶、新加坡、中国香港、上海等。小拔学习的 A level 课程在申请新加坡、中国香港地区及英国的大学时具备显著优势（见前文中对 A level 课程的介绍），同时也可以申请美国的大学。

5. 选择什么专业？

决定：选择金融学、会计学、投资学、金融数学、保险学、投资与证券等金融相关专业。

分析：金融是非常庞大的领域。小拔可以在上高中之后逐渐清晰自己感兴趣的具体职业，进而倒推应当选择的具体专业。

相信现在大家对生涯规划领域经常提到的"以终为始"有更加深刻地理解了。以"职业目标"为终点，可以清晰地看到每一个生涯选择该如何决定。这样的决定虽然不一定百分百完美，毕竟人生不是一条直线，在发展的过程中也可能会遇到各种各样的挑战和变化，但至少可以确信的是，这个决定是在充分了解自己及职业目标之后做出的选择。

再次引用全球著名教育家肯·罗宾逊的这段话来说明"以终为始"进行生涯规划的作用：

每个人都有自己的起点，有些人清楚地知道自己从今往后的几年要做什么，他们的目标犹如地平线上的路标一样清晰明了，引导着他们前进，而其他一些人只是隐约觉得自己走的路不对。你呢？事实上，你应该有个基本的方向感，虽然它不能帮你搞定所有事情，但是却能帮助你找到初始的参照点，还能帮你在各种道路之间进行选择……

第八章

构建青少年未来的核心就业力

能力是进行生涯规划必须要考量的要
素。能力是天生就有的，还是后天构建的
呢？为什么有的人天赋甚高，却一无所成。
有的人出身和天赋平平，却能成就一番伟
业。在生涯规划领域，我们不仅关注学生现
在的能力和天赋，更看重他（她）们有没有
在自己感兴趣的领域持之以恒，有没有通过
努力去构建必要的能力。

经常听有人说："兴趣能当饭吃吗！能力才是最重要的！"通过前面的内容，相信大家已经理解兴趣是生涯规划当中最重要的考量。要真正把一件事情（或职业）做好，光有兴趣是不够的，能力是必不可少的。那么和生涯规划相关的能力到底有什么呢？这些能力又该如何构建呢？本章将详细阐述天赋、智力、能力、自我效能、终身学习这样的概念，让大家对能力构建有更深入的理解。

关于天赋、智力和能力

智力

一提到能力，人们马上会想到智商和天赋。智商和天赋高，能力就强，这个逻辑貌似无懈可击。

要是立马知道自己或自己的孩子有什么天赋，那就太好了！相信很多人都有这样的想法，以为这样就可以朝着自己有天赋的方向去发展，人生就可以少走弯路了。于是，社会上各种测试应运而生，基因测天赋、皮纹测天赋在社会上大行其道，甚至星盘学、塔罗牌也备受推崇。

本章内容也许会颠覆你在这方面的认知。

我们先详细解读一下智商测试。智商测试测的是"智力程度"，实际上其所测试的范围有限。有人认为它是"逻辑推理能力"的测试，也有人称之为"认知能力"的测试，还有人认为它是"处理信息能力"的测试。我个人认为智商测试更像是一项"推理能力"测试。问题是，这个测试的结果能够在多大程度上测出人们的智力，在人们的教育和职业选择上起到什么作用，这才是我们真正应该去关注的。

首先来看智商测试真的能准确测出我们的智力水平吗？对于这一点，尽管智商测试已经在很多领域被广泛应用，但有大量的研究人员对于智商测试的有效性（即能否准确测评出受试者的智商）提出了质疑。例如，美国心理学家韦恩·韦顿（Wayne Weiten）明确指出："智商测试在衡量学术工作所需的智力方面是有效的。如果是评估更广义的智力，那么智商测试的有效性值得商榷。"

著名教育心理学家、哈佛大学教授霍华德·加德纳（Howard Gartner）指出，传统的智商测试测的只是"语言智能和逻辑–数学智能"，并不能测出其他方面的智能（下一小节我们将详细分析加德纳提出的"多元智能"）。

在测试逻辑推理方面，传统的智商测试是有其积极作用的，但在更广泛的智力范畴内，传统的智商测试是不够准的。

每个人的智商测试结果会变吗？早有大量的研究证明，人们是可以通过练习来提高自己的智商的，智商测试的鼻祖阿尔弗雷德·比奈（Alfred Binet）更是在一百多年前就表示："通过练习、培训和一些具体的方法，智力是可以提升的。"

本章接下来的部分，相信会让你对智力有更深的理解。

多元智能

早在 20 世纪 80 年代，哈佛大学教授霍华德·加德纳就提出了"多元智能理论"（Multiple Intelligences）。《纽约时报》称霍华德·加德纳是"美国当今极具影响力的发展心理学家和教育学家"。

1983 年，加德纳出版了《智能的结构》（*Frames of Mind*），书中提出七种智能，分别是：

· 音乐智能

· 身体−动觉智能

· 逻辑−数学智能

· 语言智能

· 空间智能

· 人际智能

· 自我认知智能

后来，加德纳又加上了第八种智能——博物学家智能（Naturalist Intelligence）。

从 20 世纪 80 年代至今，加德纳的多元智能理论一直备受推崇，世界各地的很多学校都在教学中运用这个理论挖掘孩子的潜质。

不止多元智能

是不是只有加德纳定义的八个维度的智能呢？加德纳本人也认同可能存在其他维度的智能，例如他也曾经考虑过在八个智能的基础之上增加"存在智能""道德智能""幽默智能"。

有其他学者也提出有别于八项多元智能之外的智能。美国著名心理学家丹尼尔·戈尔曼（Daniel Goleman）在 20 世纪 90 年代提出了"情绪智能"（Emotional Intelligence，又称情商）的概念，貌似和加德纳提出的"人际智能"有相近之处，却也有着很大的区别。戈尔曼提出的"情绪智能"更多指的是识别、理解和管理自己的情绪，还有感知和影响他人情绪的能力。戈尔曼的《情商》（*Emotional Intelligence*）认为情商是比智商更重要的一项智能。

除了丹尼尔·戈尔曼的"情绪智能"理论之外，美国耶鲁大学心理学家罗伯特·斯特恩伯格（Robert Sternberg）提出智力的三元理论。还有很多学者提出不同的智力理论，对于这种现象，肯·罗宾逊称之为"智力万花筒"。

至此，相信大家应该能更加客观地看待"聪明"这个词了。

除了智力之外，我们还经常能够听到类似的一些词，例如天赋、天分、天资之类的。智力也好，天赋也罢，都是关乎人们是否具备获取某些方面知识和技能的能力。能力的获取固然有先天的原因，后天的努力和成长也尤为重要。

美国佛罗里达州立大学心理学教授安德斯·艾利克森（Anders Ericsson）在其著作《刻意练习》（*Secrets from the New science of Expertise*）一书中，列举了很多关于智商和能力之间关联的研究。其中一项研究是关于智商和棋艺的。我们通常认为只有智商高才能成为围棋高手，但针对韩国围棋高手进行的多项研究表明，韩国围棋高手的智商测试结果甚至要低于普通韩国人。如果排除统计学上的偶然，至少可以得出围棋高手的智商测试分数并不比普通人高。这是不是让人非常吃惊？更多研究表明，智商高的孩子在学习围棋或国际象棋的初期，会比智商低的孩子具有一定的优势。但随着时间的拉长，智商则不再是区分棋手水平的重要因素，而更多的是练习和投入。

艾利克森在书中总结道："在这里，我们找到了一条重要的经验，从长远来看，占上风的是那些练习更勤奋的人，而不是那些一开始在智商或其他才华方面稍有优势的人。"

真正取得极高成就的人，不见得是所谓智商高的人，但一定是在追求热爱的过程中坚持不懈的人。这也就难怪著名物理学家霍金会说出"吹嘘自己智商分数的人都是失败者"的话了。

我非常敬仰的施一公院士在一次讲座中提到：

在历史上，在当今，在现在，在每一个实验室，不管是在西湖大学，还是在世界上任何一所顶尖大学，你都会看到一批非常优秀的博士生、博士后，他们的本科学校其实并不是我们说的"985""211""双一流"等等，他们不是的。我告诉大家，智商没那么重要，而是另外一些东西。是什么呢？是你的时间付出，你一定要刻苦努力。刻苦付出很重要。

能力同兴趣和价值观一起，构成了科学生涯规划的基石。接下来，我们将一起探讨能力到底是如何构建出来的。

从生涯规划的角度构建青少年需要的能力模型

其实每个人都可能有一些隐藏的多元智能，我们的聪明与否不止于智商测试的分数。

举例来说，NBA 巨星科比肯定拥有超越常人的"身体-动觉智能"。据相关报道，科比的 SAT 考试分数为 1080。SAT 考试被称为"美国高考"，满分是 1600 分。从科比的 SAT 分数来看，他在学术上并不是天赋异禀的人，但这不影响他将自己的"身体-动觉智能"发挥到极致，成为篮球巨星。

成为篮球巨星需要什么能力，我问了一下 ChatGPT。

问：要像科比一样成为 NBA 巨星，需要拥有什么样的能力？

ChatGPT：要像科比·布莱恩特一样成为 NBA 巨星，需要拥有多种能力和品质。以下是一些关键要素：

技术水平：拥有出色的篮球技术，包括得分、传球、防守、篮板等方面的技能。

体能素质：具备优异的体能素质，包括速度、爆发力、耐力和灵活性等。

意志力和毅力：具备强大的意志力和毅力，能够在压力下保持冷静，并克服困难和挫折。

领导力：有能力在球场上起到领导作用，激励队友，带领团队取得胜利。

篮球智商：具备出色的篮球智商，能够在比赛中做出正确的决策，并理解战术和对手的特点。

团队合作：能够与队友合作，融入球队体系，并在团队中发挥自己的作用。

持续学习和改进：保持对篮球的热爱，并不断学习和改进自己的技能，适应比赛和对手的变化。

心理素质：拥有强大的心理素质，能够应对比赛中的压力和挑战，并保持专注和自信。

科比·布莱恩特作为 NBA 历史上的传奇球员，具备了以上多项能力和品质，才能成为一名如此伟大的篮球巨星。

我觉得这个答案还挺靠谱的。其实它给出的就是非常具体的能力模型。

美国劳工部对美国一千多种职业进行了详细的分析，给出每一种职业的具体信息，与"职业能力"有关的包括能力（Abilities）、基础技能（Basic Skills）、跨职能技能（Cross-Functional Skills）、知识（Knowledge）这四个方面。这四个方面都和大家经常谈及的"能力"有关。不过在这里，这些能力有非常具体的指向性。

能力细分为认知能力、精神运动能力、身体能力、感官能力。

基本技能包括阅读理解、积极倾听、写作、表达、数学、科学、批判性思维、主动学习、学习策略、评估。

跨职能技能包括社交技能、复杂问题解决能力、技术技能、系统技能、资源管理技能。

知识又细分为商业与管理、制造和生产、工程与技术、数学与科学、健康服务、教育与培训、艺术与人文、法律与公共安全、通信、运输。

上面列出的每一项能力都有更细分的类别和具体的定义。不同的职业要求从业人士具备不同的能力组合。虽然可能没有任何一个职业要求具备上面提到的所有这些能力，但至少我们能够看出，在真实的职业世界中，能力从来都不是虚无缥缈的，一定是能通过学习来构建的。

关于能力，类似的提法还有素养，例如我们经常能听到"21世纪核心素养"。世界经济论坛早在2016年就定义了四项核心素养，分别是批判性思维、创造能力、沟通能力、合作能力。这也是很多教育工作者经常提起的4C能力。这四项能力是人们解决实际问题所应该具备的核心能力，无论你从事的是何种职业，这四项能力都不可或缺。

如果你已经有了"奥德赛计划"或者理想的职业方向，那么能力构建就是非常具体的事情了。就让我们利用下面这个表格来查询并记录一下你的理想职业所需要的能力。

表 8.1　我需要的能力模型

我的理想职业：		
能力模型 （通过 Kuder 测评系统、社交媒体、网站、从业人士等渠道了解）		
学科知识和特定学科技能	是否具备	提升方式（课程和项目）

核心素养和其他软实力	是否具备	提升方式
其他能力	是否具备	提升方式

我想从生涯规划的角度就能力构建这件事做个小结：

- 各种天赋和智能会让我们在能力构建的初期阶段略有优势。作为父母，可以观察一下自己的孩子到底在哪种智能方面有潜质，进而通过相关课程和活动去支持其发展相应的能力；
- 如果确有一些天赋或智能，切记不可沾沾自喜。时间的投入、刻苦地努力才会让你赢在终点。
- 任何职业的成功都依赖复杂的能力体系，绝非单一禀赋所能支撑。锚定目标，坚毅不拔地构建自己的核心能力，才是取得职业成功的基石。
- 没有任何能力是不可构建的。关键在于这项能力是否与你的终极目标深度关联？它是否服务于你真正热爱的事业领域？如果答案是肯定的，那不用管别人怎么想，你想要的能力，你一定可以获取。如果有人质疑你，当耳旁风就好。

⚙️ 帮助青少年成为高自我效能的人

加拿大心理学家阿尔伯特·班杜拉——全球最具影响力的心理学泰斗之一——提出了自我效能理论。

"自我效能"指个人相信自己有能力执行一些必要的行动，以实现特定的目标。班杜拉对此有一句经典阐释："自我信任未必保证成功，但自我怀疑必然导向失败。"

在班杜拉的自我效能理论中，自我效能高的人与自我效能低的人有以下特点：

- 面对困难的任务，自我效能高的人会认为这是一项挑战，自我效能低的人则会认为这是对自己的威胁。
- 在设定目标方面，自我效能高的人会去设定更困难的目标，而自我效能低的人会去设定容易实现的目标。
- 自我效能高的人会将自己的成功具象化，会想象自己成功时的状态，这会给自己带来持续不断的动力，而自我效能低的人则会表现出一切都无所谓的样子。

在建立自我效能的过程中，除了孩子自己的信心和内驱力，家长和学校也起到举足轻重的作用。以下是帮助孩子建立自我效能的一些通用做法：

- 和孩子一起设定可以实现的短期目标，在实现后进行复盘并加以鼓励。
- 夸奖孩子在过程中付出的努力，不要简单粗暴地夸孩子"能力强"。

· 列举出孩子做得好的地方和优势。

· 在经历小的挫败后，不要一带而过，而应认真地分析和复盘。
在安慰的同时，也要让孩子看到自己可以改进的空间。

· 让自己也成为自我效能高的人，不要在孩子面前唉声叹气、
怨天尤人。如果自己都是自我效能低的人，又如何成为孩子
的榜样呢？

· 鼓励孩子和自信、阳光的学生一起学习、玩耍。

· 和孩子分享自己在生活和工作中经历的成功和挫折。

如果家长能够在孩子成长的环境中营造出积极向上的高自我效
能环境，那么孩子自然就会成为高自我效能的人。与生涯发展相关
的能力也就一定能够构建出来。

🎯 帮助青少年培养成长型的思维模式

"你真聪明，没怎么学习就拿到 A""那个同学物理考得好，肯
定是他智商高的缘故""我家孩子天生数学就好""你简直是个天生
的领导者"。大家是不是经常听到类似这样的夸奖。这其实非常危
险，因为这会在无形中把孩子培养成为"固定型思维"的人。

斯坦福大学教授卡罗尔·德韦克（Carol S. Dweck）是全球著名
的心理学家，在其著作《终身成长》（*Mindest*）中，她提出了"成长
型思维"和"固定型思维"的概念。

书中给出了下面这四个关于智力的陈述：

1. 你的智力属于你的基本特质，很难做出改变。

2. 你可以学习新事物，但你的智力水平是无法改变的。

3. 无论你当前智力水平如何，都可以通过努力显著提升。

4. 你什么时候都可以对你的智力水平做出根本性的改变。

这些陈述体现的是人们在"智力"这个事情上的看法。问题 1 和 2 是固定型的思维模式，3 和 4 则是成长型的思维模式。

固定型思维方式的人相信智力、天赋和其他的特质是先天遗传的、不可改变的。如果某些方面能力不行，就会把其归结为智力、天赋等方面的原因。而成长型思维模式的人则相信人的基本能力是可以通过努力来培养的，即使人们在先天的才能和资质、兴趣、性情等方面大不相同，但每个人仍可以通过努力来改变和成长。

下面这个小练习，有利于帮助青少年培养成长型的思维模式。

活动 8.1
固定型思维 VS. 成长型思维小练习

说明：针对下面的场景，分别写出固定型思维和成长型思维的人会怎么考虑，并给出自己的分析。

场景 1：在一次期末考试中，平时成绩一般的小张同学英语考了满分。

（举例说明）

固定型思维：她的语言天赋高，而且家里给她找了个外教，我家里可没有这个资源。

成长型思维：小张平时成绩一般，这次考满分，说明这个学期她对英语学习十分投入。放学后，我得找她咨询一下学习方法。

分析：小张在短时间内英语成绩大幅提升，天赋和家里资源的助力固然重要，她自己的努力也十分关键。她成功的方式值得我去借鉴，我相信我也可以做到。

（**请你做下面的练习吧**）

场景 2：陈同学拿到了羽毛球比赛冠军。

固定型思维:

成长型思维

分析:

场景 3：王同学成了学校播音台的主持人。

固定型思维:

成长型思维

分析:

场景 4：李同学被哈佛大学录取了。

固定型思维：

成长型思维

分析：

在个人成长过程中，人们有时难免会陷入固定型思维方式，但在涉及和生涯规划相关的能力构建时，主动切换到成长型思维模式至关重要。这样的思维方式会让你不断从身边的环境中汲取营养，助力自己成长。在遇到困难时，多给自己一些信心。当面临"你不行""你天赋不高"等消极评价时，要经常对自己说："我可以的，我一定可以通过努力来构建这些能力。"在兴趣的引领下，你一定可以通过学习构建出必要的能力，逐渐接近并实现自己设定的"奥德赛计划"。

给人工智能时代的青少年生涯规划建议

人工智能的发展让人们看到了技术对人力的替代，这种现象让活在当下的当代人十分震惊，甚至有些不知所措。其实，技术替代人力从来就不是什么新鲜事。从第一次工业革命开始，各种新兴技术的发展就一直在取代人类所从事的职业。我依稀记得大学刚毕业时，打字员的岗位薪水颇丰，现在这个职业已经不存在了。相信大家已经发现，收银员、流水线工人，甚至是会计这样的职业需求也越来越少了。2018 年，《福布斯》的一份报告显示，技术已经取代了人类曾经从事的 90% 的工作。

问题是，技术取代了人，是不是人就没有工作了呢？ 2018 年，世界经济论坛发布了《2018 未来就业》(*The Future of Jobs Report*)。《2018 未来就业》中提到"因为人和机器分工的原因，将有 7500 万工作岗位被取代，但同时将有 1.33 亿个更适应人、机器、算法的岗位出现。"简而言之，大量的人将失业，但是新的机会更多，要抓住这些新机会，需要更加适应人、机器、算法之间的分工。世界经济论坛在 2025 年 1 月发布的《2025 年未来工作报告》中提到："预计到 2030 年，宏观趋势推动下产生的新工作岗位将达到 1.7 亿个，同时将有 9200 万个工作岗位被取代。"

作为社会上的个体，如何跟随时代的进步动态调整自己的职业目标，并通过学习不断获取成功所需的能力，才是至关重要的。

面对人工智能带来的巨大不确定性，我给青少年以下三点建议：

第一，**以不变应万变**。按照本书提供的生涯规划全景图进行生涯规划。在这个过程中，了解自己的兴趣、能力、价值观，找出适合自己的发展方向，并在探索的过程中逐渐清晰自己的职业目标，找到热爱的领域，不断构建核心能力。这个流程是久经验证的生涯规划过程，结合了生涯规划领域众多理论的精髓，让你在变动的社会中，找到属于自己的定位。

第二，**掌握人工智能在你热爱领域的应用**。经常有人问我是不是一定要学习人工智能专业。我的答案是无须人人都成为人工智能专家（仅少数顶尖人才可突破技术深水区），但须学习人工智能通识素养。无论是生物、医疗、IT、教育等众多领域，更好地使用人工智能会让你先人一步。

第三，**在制定"奥德赛计划"时，要考虑 STARA（智能技术、人工智能、机器、算法）对未来职业目标的影响**。通过网络检索、职场人物访谈、实训、实习等方式了解第一手信息。如果这个影响是取代性的，那么应该考虑调整或放弃这个计划。如果是积极促进的，那么应该尽快学习在这个领域如何高效率地使用人工智能，你会发现人工智能让你效率翻倍。

第四，**要动态调整你的"奥德赛计划"**。即便你已经有了自己的"奥德赛计划"，但社会的变化仍有极大的不可预测性，作为个体，应随时关注并跟进你所热爱领域的新发展、新变化、新技术，并动态调整自己的职业目标，这样才能立于不败之地。

世界已经进入了"乌卡时代"（VUCA，即多变、不确定、复杂、模糊），未来仍然充满了各种变量。变化，其实是常态。

在前进的路上，相信在热爱的引领下，凭借"刻意练习"和"自我效能"，通过长期努力构建出成功所需的各项能力，你一定能为接下来的人生探险之旅做好准备，大胆地踏上征程吧！

图书在版编目（CIP）数据

青少年人生规划第一课 / 何戎著 . -- 北京 ： 华夏
出版社有限公司，2025. -- （生涯规划书系）. -- ISBN
978-7-5222-0926-5

Ⅰ . C913.2

中国国家版本馆 CIP 数据核字第 2025JA7292 号

青少年人生规划第一课

著　者	何　戎
责任编辑	王凤梅
责任印制	刘　洋

出版发行　华夏出版社有限公司
经　销　新华书店
印　刷　三河市少明印务有限公司
装　订　三河市少明印务有限公司
版　次　2025 年 6 月北京第 1 版　　　2025 年 6 月北京第 1 次印刷
开　本　710×1000　1/16 开
印　张　13
字　数　116 千字
定　价　65.00 元

华夏出版社有限公司　地址：北京市东直门外香河园北里 4 号　邮编：100028
　　　　　　　　　　　网址：www.hxph.com.cn　电话：（010）64663331（转）
本版图书如有印装质量问题，请与我社营销中心调换。